筋トレざせつ女子が行き着いた

1分 やせストレッチ

1minute Yase Stretch

たかツキなほり 著
鈴木孝佳 監修

プロローグ
Prologue
アラサーOL
たかツキなほりは
筋トレに励んでいた
あと10回!!

理由は去年着てた服が
着れなくなったから
お尻がデカくて
スカートが
裂けそう!
むち――ん♡
腕を曲げたら
袖を絞った
デザインが
二の腕を
締めつける!
ぽよん
パツーンッ
シャツが
お腹の下まで
届かない!
こりゃ
いかん!!
とにかく
やせなきゃ!

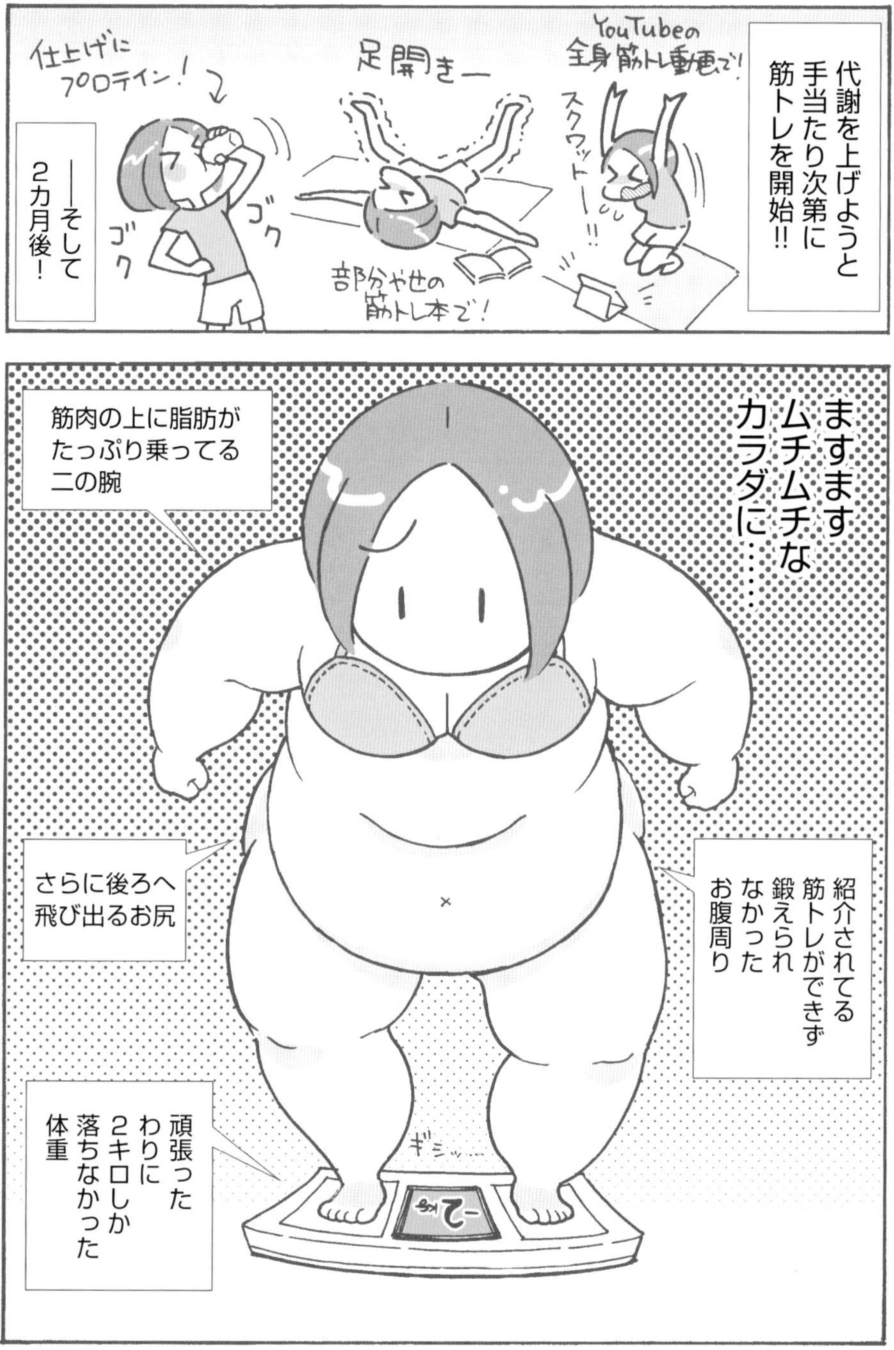
代謝を上げようと手当たり次第に筋トレを開始!!
YouTubeの全身筋トレ動画で!
スクワットー!!
足開きー
部分やせの筋トレ本で!
仕上げにプロテイン!
ゴク
ゴク
——そして2カ月後!
ますますムチムチなカラダに……
筋肉の上に脂肪がたっぷり乗ってる二の腕
紹介されてる筋トレができず鍛えられなかったお腹周り
さらに後ろへ飛び出るお尻
頑張ったわりに2キロしか落ちなかった体重
ギシッ…

もう筋トレやだ〜〜〜
——と筋トレにざせつしていた時
わ〜ん
ひとつの動画と出会う
YouTube
全人類最強ストレッチ
全人類最強ストレッチ!?
呼吸を意識するから
キュッ
腹筋に効く!
全人類必須の猫背改善ストレッチを教えます!
TAKA channel
ムチムチな背中の
可動域が広がる!
代謝UPの実感!!
全身が燃えてる感じがする!
ぜはーっ
ぜはーっ
これだ!!

詳しくお話を聞きたかったので体験レッスンを申し込んでみた
こんにちはー
こんにちは！
今日はどんなことがお悩みで来られたんですか？
カウンセリング
筋トレしてても思った効果が出なくてー……
やってもやっても「やせてる！」って実感がまったくなかったんです
姿勢や動きのチェック
トレーナー
鈴木孝佳先生
なるほど…
ゴクリ…
その原因は…
姿勢です!!
姿勢!?
バァアーーン

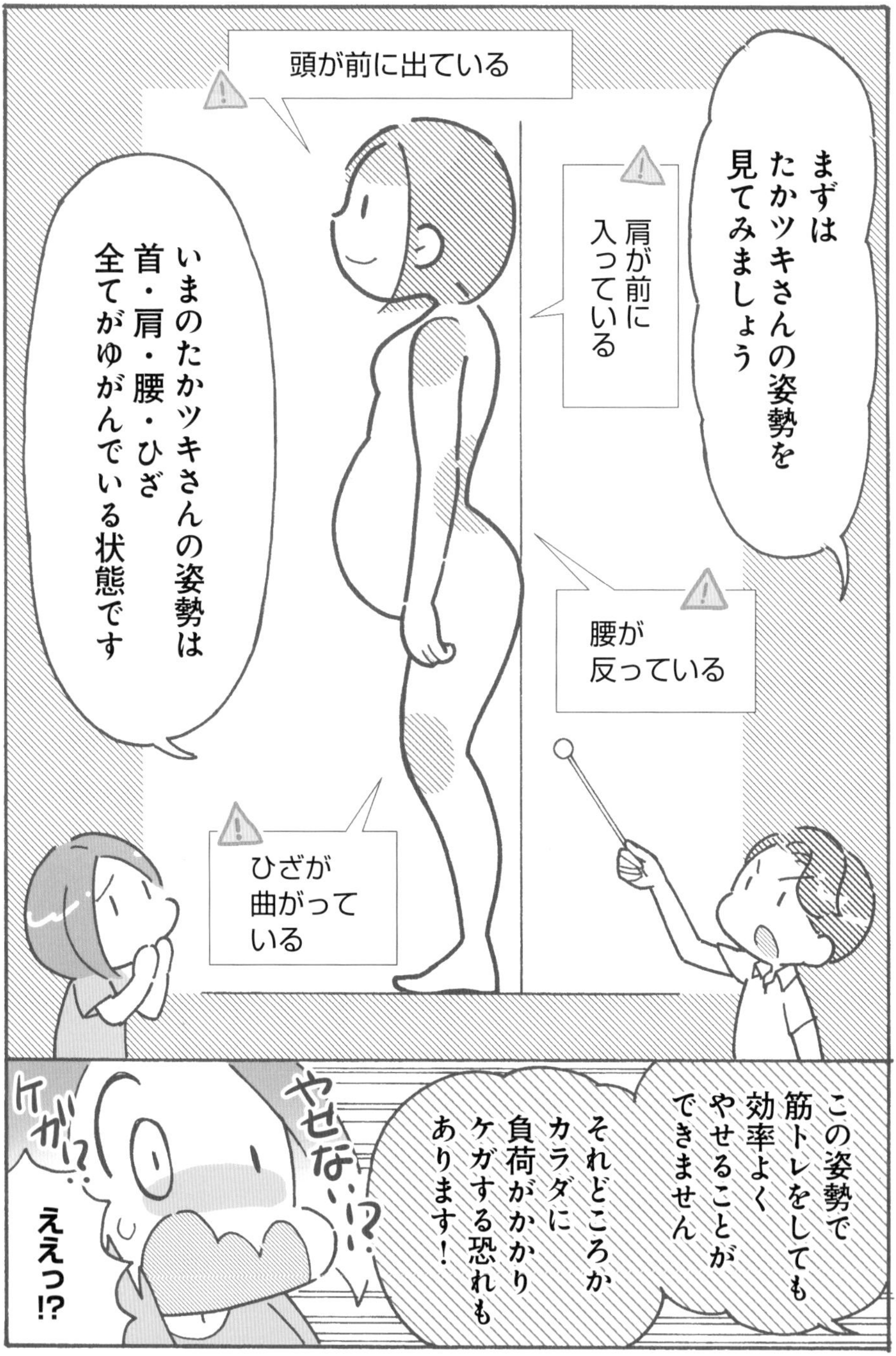

まずはたかツキさんの姿勢を見てみましょう
頭が前に出ている
肩が前に入っている
腰が反っている
ひざが曲がっている
いまのたかツキさんの姿勢は首・肩・腰・ひざ全てがゆがんでいる状態です
この姿勢で筋トレをしても効率よくやせることができません
それどころかカラダに負荷がかかりケガする恐れもあります！
やせない!?
ケガ!?
ええっ!?

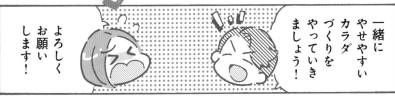

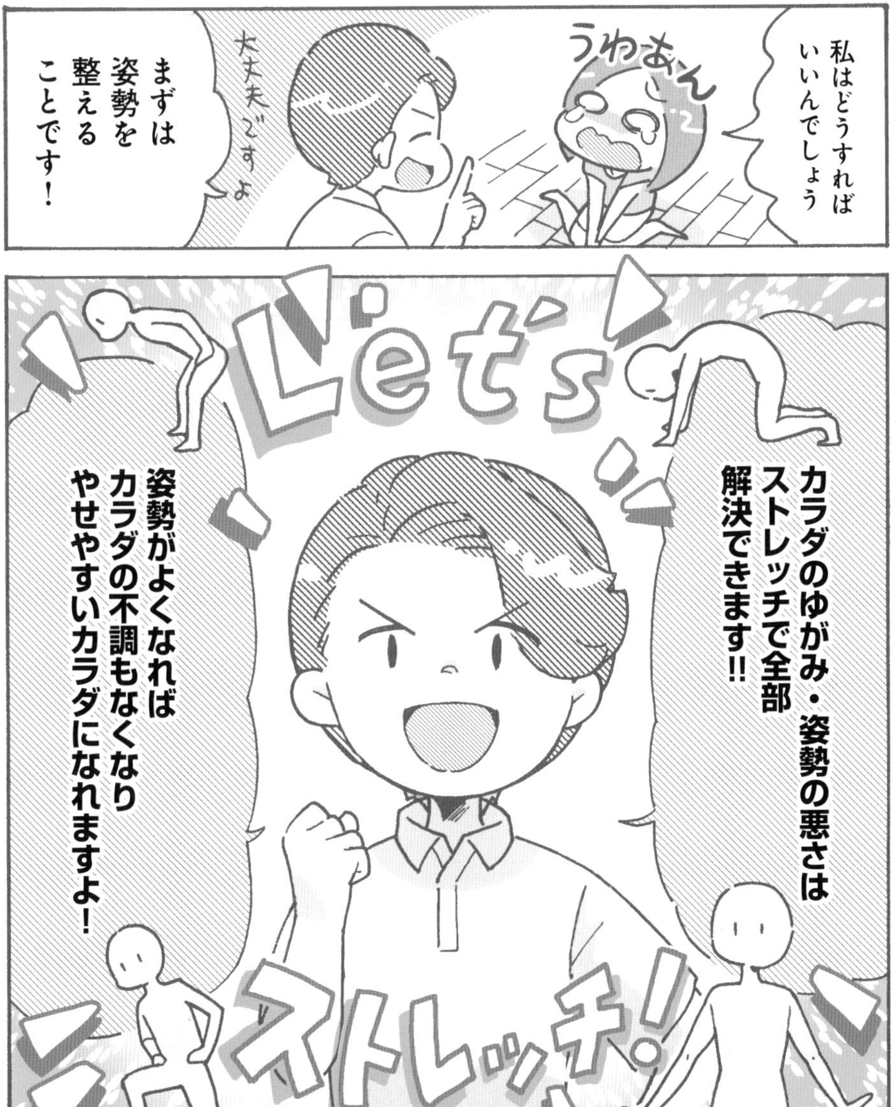
私はどうすればいいんでしょう
うわあ〜ん
大丈夫ですよ
まずは姿勢を整えることです！
Let's
カラダのゆがみ・姿勢の悪さはストレッチで全部解決できます!!
姿勢がよくなればカラダの不調もなくなりやせやすいカラダになれますよ！
ストレッチ！
一緒にやせやすいカラダづくりをやっていきましょう！
よろしくお願いします！

Contents 目次

登場人物紹介

Charactors

たかツキなほり

筋トレにざせつした
アラサーOL。自身
の悪い姿勢に気づ
き、姿勢改善に励む。

鈴木孝佳

姿勢改善の専門家。
「やせやすいカラダ
づくり」の手助けを
してくれる。

ブックデザイン あんバターオフィス
DTP 工藤政太郎
営業 大木絢加
編集長 山﨑旬
編集担当 吉見涼

Topics!

ストレッチで
やせやすいカラダをつくる

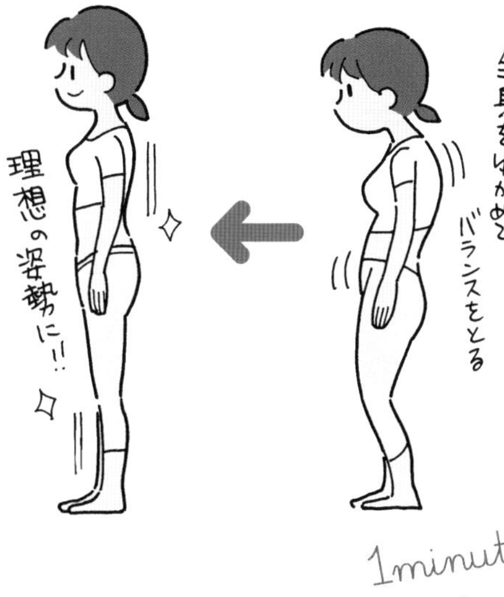

全身をゆがめてバランスをとる
理想の姿勢に!!

1minute Yase Stretch

Topic 1

こんな筋トレをしていませんか？

スクワット

☑ 脚が太くなった
☑ ひざに痛みを感じる

腕立て

☑ 二の腕が太くなった
☑ 肩に痛みを感じる

腹筋

☑ お腹の肉がなかなか落ちない
☑ 腰に痛みを感じる

筋トレをしても効果が出ないのは
姿勢が悪いことで、
使う筋肉のバランスが崩れているから！

例：スクワット

頑張りすぎている筋肉

太ももの前側の
筋肉ばかりを使っている

サボっている筋肉

本来使うべきお尻と
太ももの後ろ側の
筋肉を使えていない

↓　↓　↓

筋トレの効果を高めるには、ストレッチで
頑張りすぎている筋肉を休ませて
サボっている筋肉をしげきする
ことが大事！

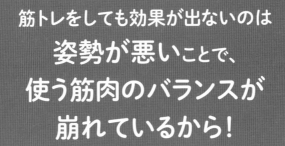

Topic 2

いい姿勢と悪い姿勢の違い

× 悪い姿勢

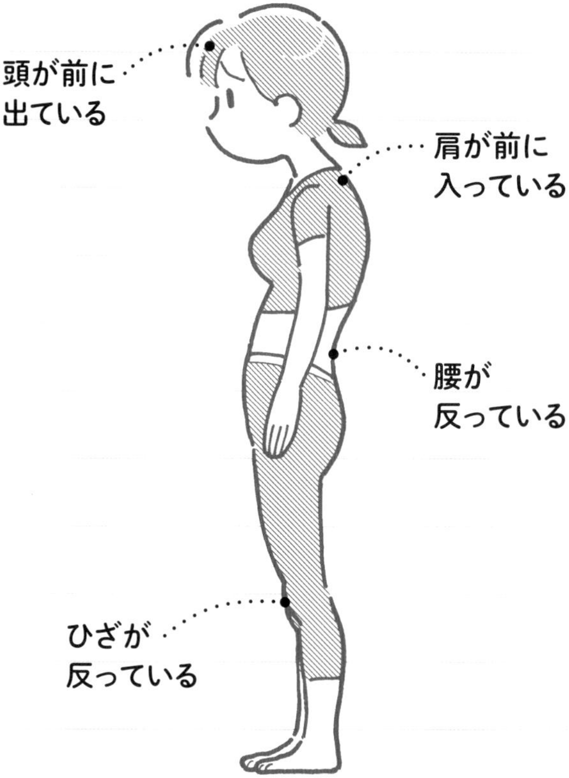

頭が前に出ている
肩が前に入っている
腰が反っている
ひざが反っている

デスクワークや長時間の
スマホ操作などによって、
現代人の多くが上記のように
姿勢を崩しています

○ いい姿勢

本書でつくりたいのは
この姿勢！

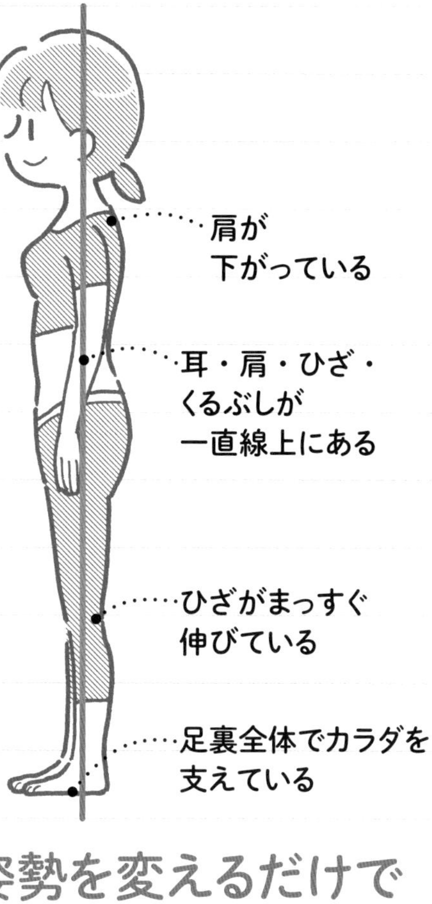
肩が下がっている
耳・肩・ひざ・くるぶしが一直線上にある
ひざがまっすぐ伸びている
足裏全体でカラダを支えている

同じ体型でも**姿勢を変えるだけで**

やせて見えるようになる！

また、筋トレの効果もアップし

やせやすいカラダに！

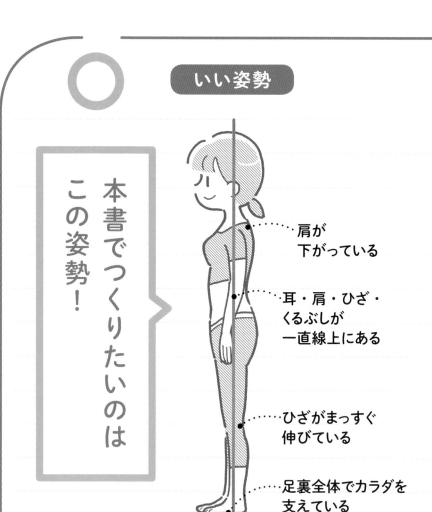

Topic 3

やせやすいカラダをつくる3STEP

STEP 1　呼吸を意識する基本のストレッチ

まずは基本の呼吸を習得することからスタート。基本の呼吸と合わせて、基本的なストレッチを行い、姿勢をリセットしていきます。

↓

STEP 2　カラダのゆがみを整えるストレッチ

肩こり・首こり・猫背・反り腰など、部位ごとにカラダの不調を解消するストレッチを行います。カラダのゆがみを整えることで、姿勢が崩れにくくなります。

↓

STEP 3　カラダを動かしやすくするストレッチ&エクササイズ

本格的な筋トレに移行する前のストレッチ&エクササイズを行います。自重を支える筋力がつけば姿勢が崩れにくくなり、筋トレでケガをするリスクが減ります。

↓

本格的な筋トレをしてダイエット!

Topic 4

姿勢のセルフチェック

ストレッチを始める前に
自分の姿勢をチェックしてみよう！

① 壁にかかとをつけて
自然に立つ

② ①の状態で
以下3点ができていたら
チェックをつける

☐ チェック1

**頭・背中・お尻が
壁についている**

※どれか1つでも
ついていないと要注意！

☐ チェック2

**首の後ろに
指が2〜3本入る**

※指が入らない場合は
ストレートネックの可能性あり！

☐ チェック3

**腰の後ろに
手のひらが入る**

※腕まで入ってしまう人は
反り腰の可能性あり！

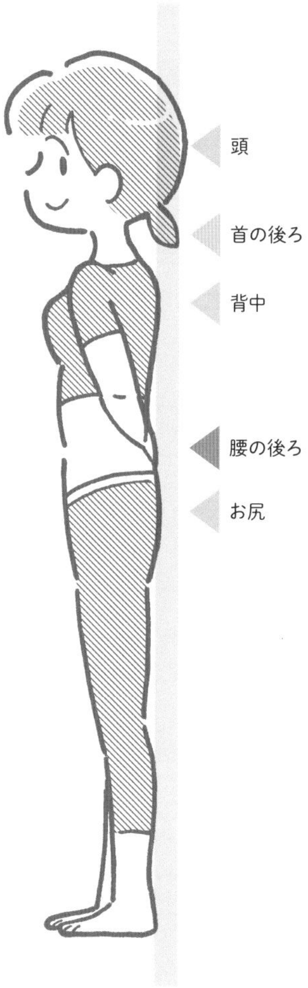

☑ 3個…いい姿勢がつくれている

☑ 2〜1個…姿勢が崩れている可能性あり

☑ 0個…大幅に姿勢が崩れている

本書の見方

How to read

ストレッチページ

動作の詳しい解説ページ

ストレッチ名

効能

やる順番

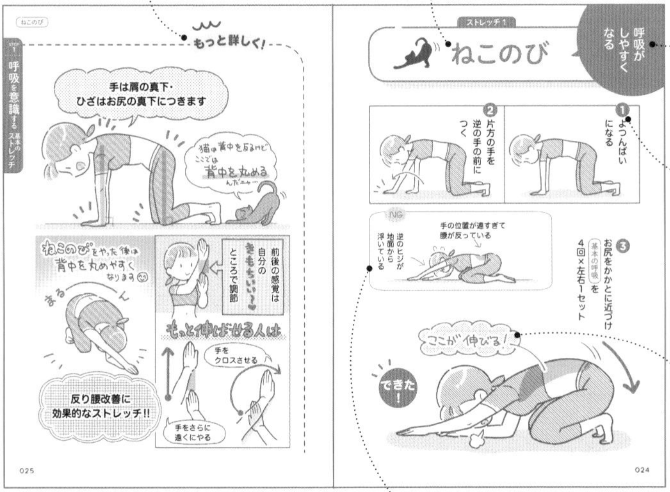

ありがちなNG

効いている場所

カラダを伸ばす
ストレッチは
赤色のページ!

エクササイズページ

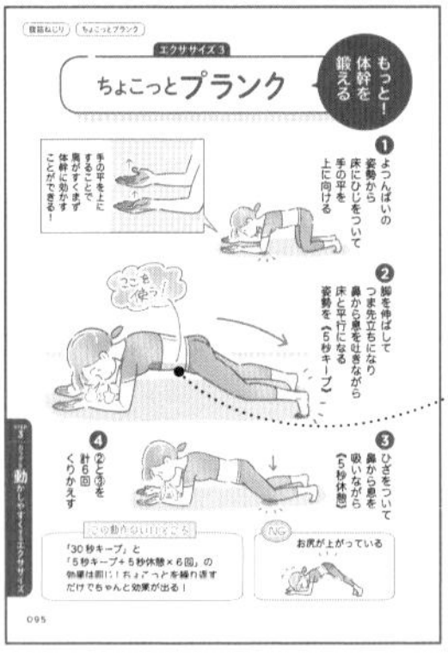

使う筋肉を意識しよう!

カラダを動かす
エクササイズは
青色のページ!

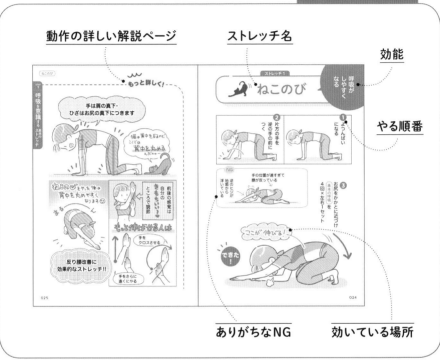

STEP 1

呼吸を意識する
基本のストレッチ

イントロマンガ①

呼吸と姿勢って関係あるの？

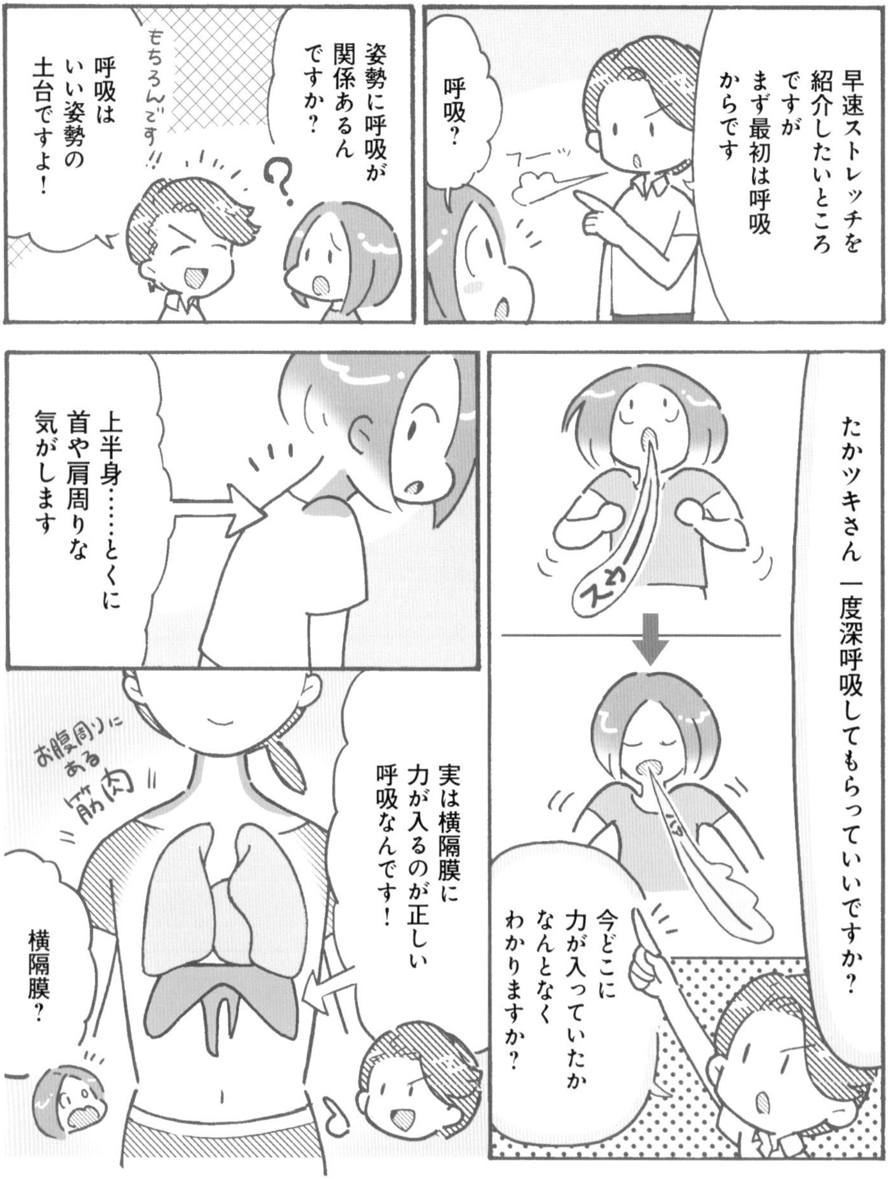
早速ストレッチを紹介したいところですがまず最初は呼吸からです
フーッ
呼吸？
姿勢に呼吸が関係あるんですか？
もちろんです!!
呼吸はいい姿勢の土台ですよ！
たかツキさん一度深呼吸してもらっていいですか？
スーッ
今どこに力が入っていたかなんとなくわかりますか？
上半身……とくに首や肩周りな気がします
実は横隔膜に力が入るのが正しい呼吸なんです！
お腹周りにある筋肉
横隔膜？

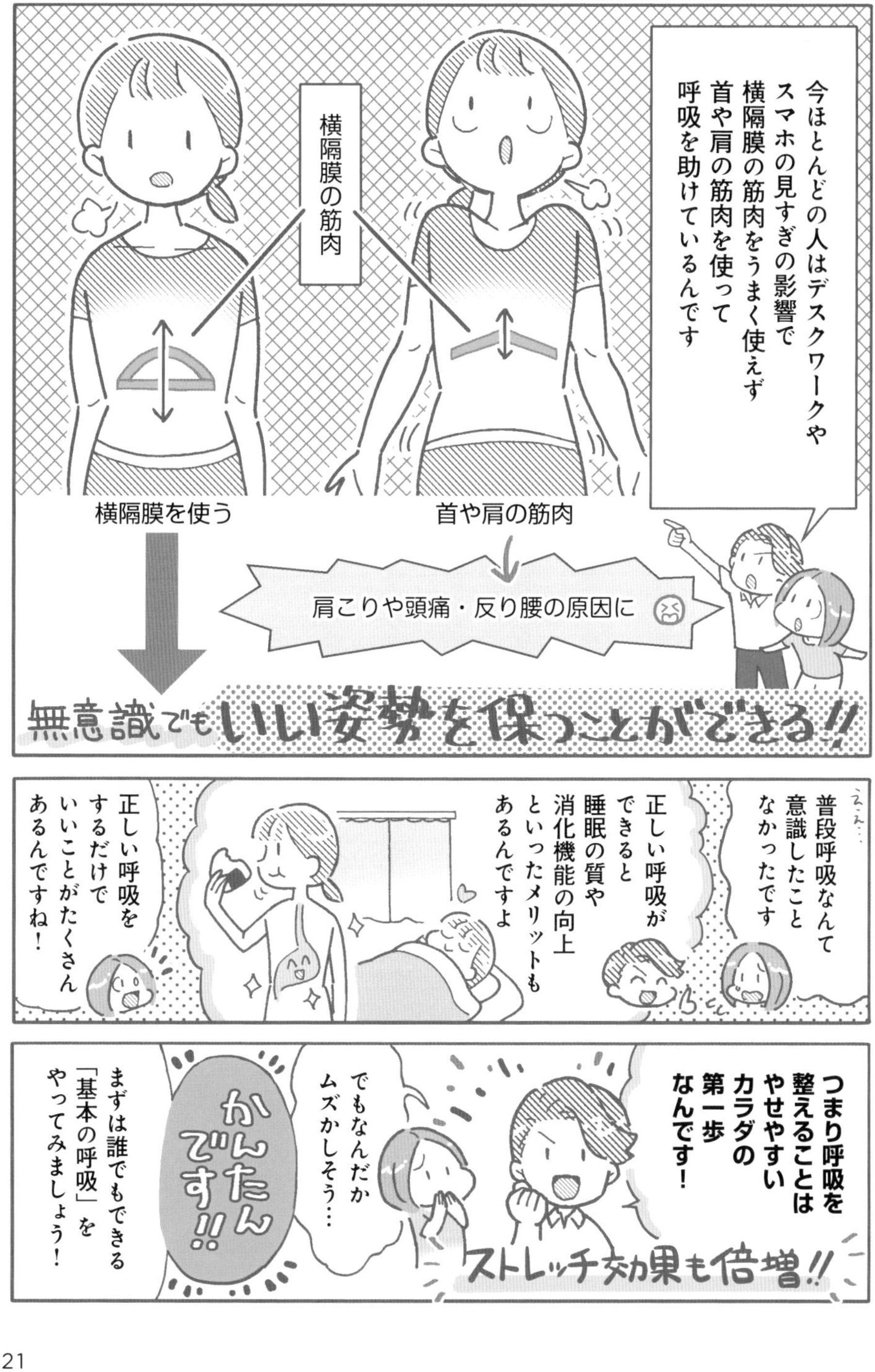

今ほとんどの人はデスクワークやスマホの見すぎの影響で横隔膜の筋肉をうまく使えず首や肩の筋肉を使って呼吸を助けているんです
横隔膜の筋肉
首や肩の筋肉
横隔膜を使う
肩こりや頭痛・反り腰の原因に
無意識でもいい姿勢を保つことができる!!
普段呼吸なんて意識したことなかったです
正しい呼吸ができると睡眠の質や消化機能の向上といったメリットもあるんですよ
正しい呼吸をするだけでいいことがたくさんあるんですね！
つまり呼吸を整えることはやせやすいカラダの第一歩なんです！
でもなんだかムズかしそう…
かんたんです!!
まずは誰でもできる「基本の呼吸」をやってみましょう！
ストレッチ効果も倍増!!

ストレッチと一緒にやる

基本の呼吸

まずは呼吸を覚えよう

! ストレッチに大切！マスターしよう

1 口から息を吐く

◎細く長く吐く
→肋骨が下がる！
◎体中に溜まった空気を
ゆっくり吐き切るイメージ
◎吐き切った時お腹に力が入って
（腹筋を感じて）いればOK！

5秒

2 息を止める

◎舌の位置が
大事！
→上アゴの
裏側に
当てる
◎腹筋をキープ

5秒

3 鼻から息を吸う

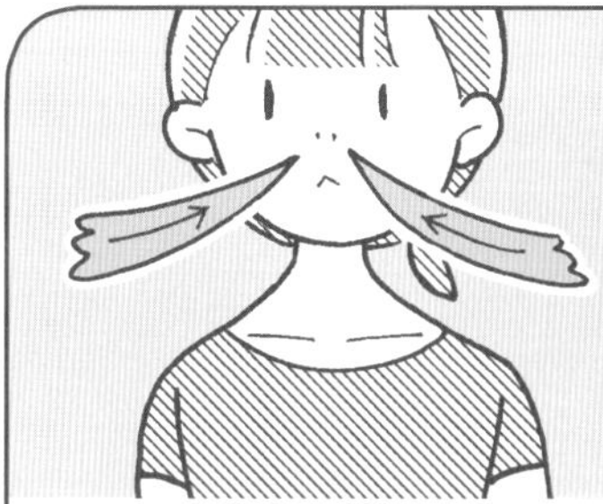

◎鼻息が聞こえないように
静かにゆっくり吸い込む
◎舌の位置は変えない
◎腹筋もまだまだキープ

5秒

意識しすぎないようにね☆

リラックス～してやるのが大事♡

何度かやってコツをつかもう

もっと詳しく！

呼吸のセルフチェック

❶ イスにラクに座り呼吸を落ち着かせる

❷ 口から軽く息を吐く

❸ 口を閉じ鼻をつまんで息を止める

息を止めていられる時間を測定！

それでは
基本の呼吸を
意識して
いくつか
ストレッチを
やって
みましょう！

あなたの呼吸レベルは……？

24 秒以下……
呼吸に問題あり！
呼吸改善が必須です。

34 秒以下……
注意が必要です。
基本の呼吸をしながら
背中を丸めましょう。

35 秒以上……
よい状態です。
ストレッチをして
キープしましょう。

ストレッチ 1

ねこのび

呼吸がしやすくなる

❶ よつんばいになる

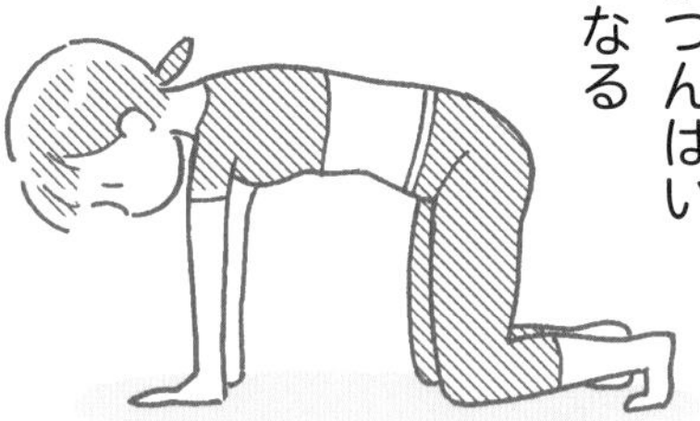

❷ 片方の手を逆の手の前につく

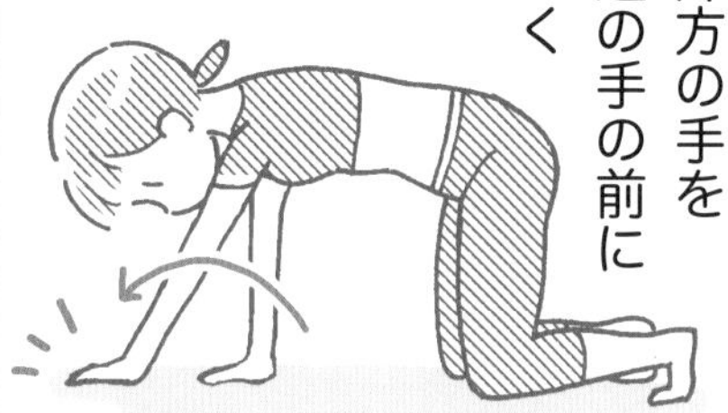

NG

手の位置が遠すぎて腰が反っている
逆のヒジが地面から浮いている

❸ お尻をかかとに近づけ 基本の呼吸 を4回×左右1セット

ここが伸びる！
できた！

もっと詳しく！

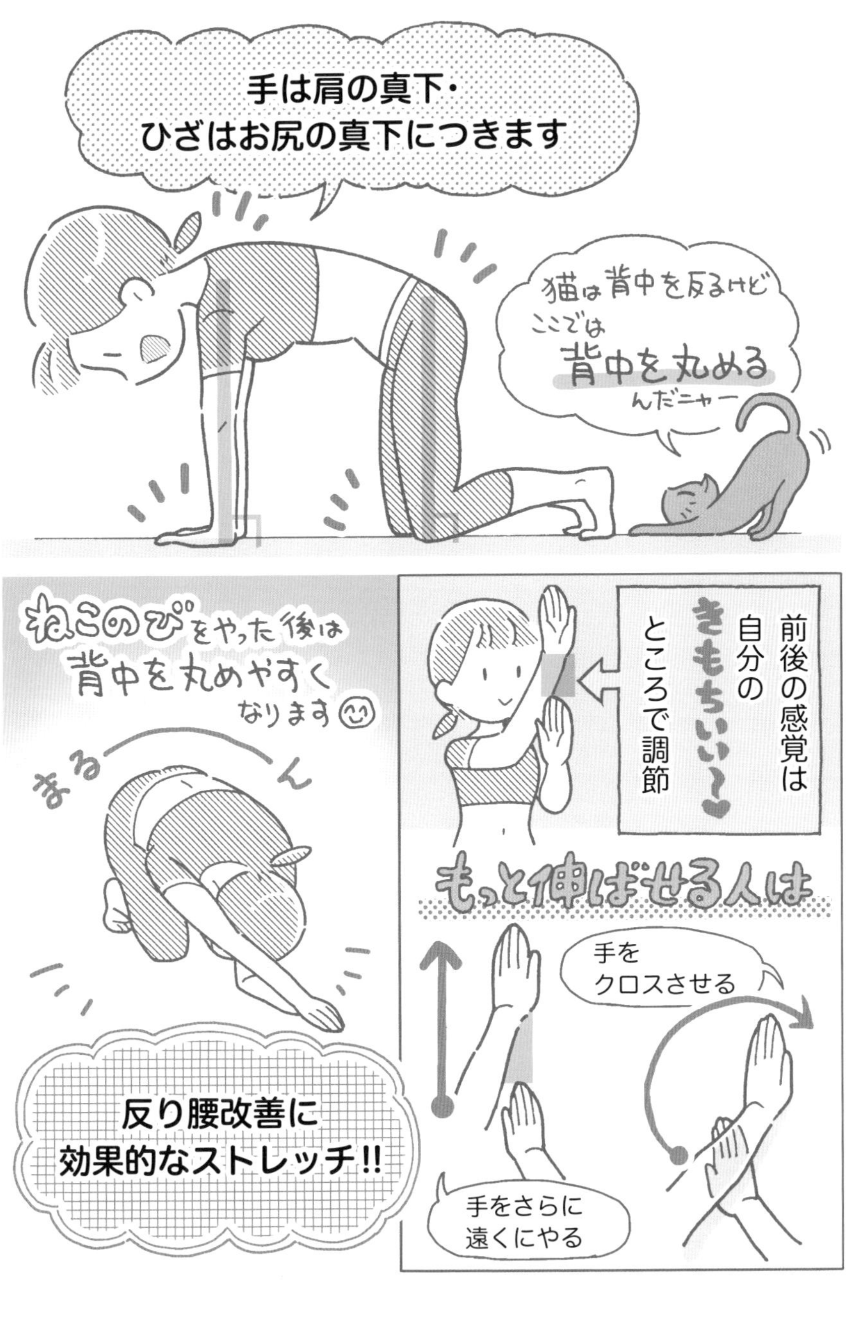
手は肩の真下・
ひざはお尻の真下につきます
猫は背中を反るけど
ここでは
背中を丸める
んだニャー
ねこのびをやった後は
背中を丸めやすく
なります
まるーん
反り腰改善に
効果的なストレッチ!!
前後の感覚は
自分の
きもちいい〜
ところで調節
もっと伸ばせる人は
手をさらに
遠くにやる
手を
クロスさせる

もっと詳しく！

知ってなっとく！メカニズム

呼吸と背中の関係☆

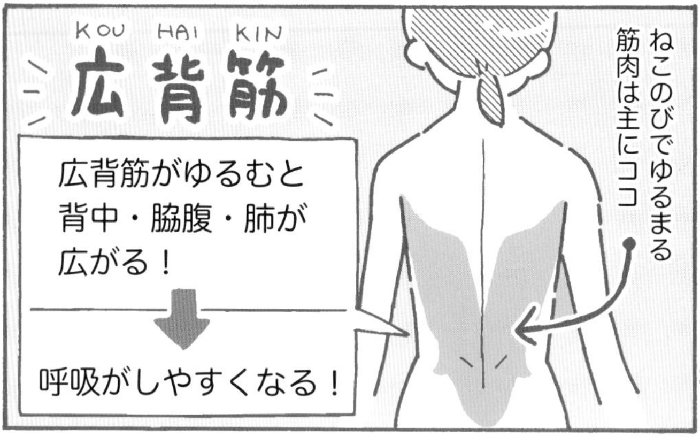
広背筋《KOU HAI KIN》
ねこのびでゆるまる筋肉は主にココ
広背筋がゆるむと
背中・脇腹・肺が
広がる！
呼吸がしやすくなる！

ウワーッ
まる――ん
伸ばしたことないところが伸びてるー!!
きもちいい――!!

ねこのび後……
肩の力が抜ける…
リラックス
呼吸がしやすい…

外出先でも!
立ってねこのび

①ドアノブをつかむ
②つかんだ手と同じ方の足を少し後ろに引く
③お尻を引いて体重を後ろにかけつつ背中を丸める
④ 基本の呼吸 を4回×左右1セット

まる〜〜
重心は後ろ→

つかむ高さの目安
胸〜お腹の辺り

扉のフチで!

つかめるところがあればどこでもできる!

ストレッチ２

いらっしゃーい

上半身がラクになる

1 頭を枕に乗せ横になる

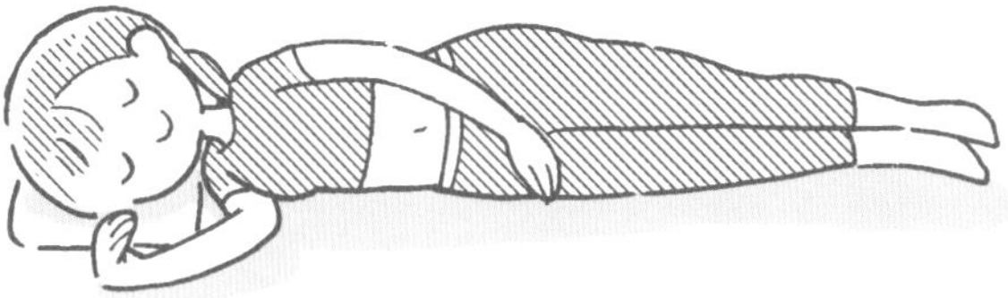

2 両手をまっすぐ前にして両足を直角に曲げる

3 上の手だけを大きく円を描くように反対側へ倒し

ここが伸びる！
できた！

基本の呼吸を4回×左右1セット

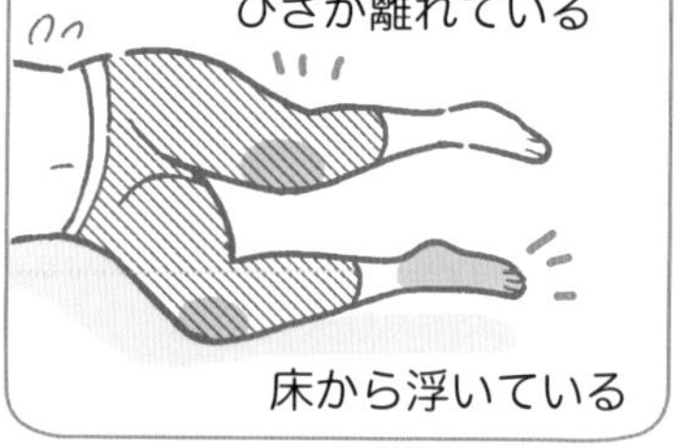
NG
ひざが離れている
床から浮いている

もっと詳しく!

下半身は
つまさきまで
全部90度!!
ムリせず
腕は
ビーン!!って
ならない位置で
止めようね
枕はカラダがまっすぐになるように敷く
たたんだタオルでもいいよ!
立ってもできるよ!
①柱や壁につかまる
②自分のカラダをまっすぐ前にして
1・2歩前へ
③気持ちいい場所で
止まり 基本の呼吸 を
4回×左右1セット
腰が反らないようにね

ストレッチ 3

おかしのプレッツェルに似てる

ひざねじり

下半身がラクになる

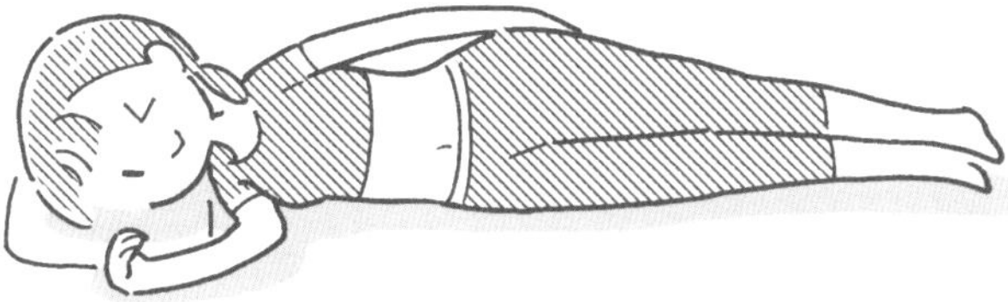

1 頭を枕に乗せ横になる

2 上のひざを曲げて下のひざを押さえる

3 上の手で下の足をつかみかかとをお尻に近付ける

ここが伸びる!

4 上半身と頭を天井に向けて

できた!

基本の呼吸を4回×左右1セット

ひざが浮いている

もっと詳しく！

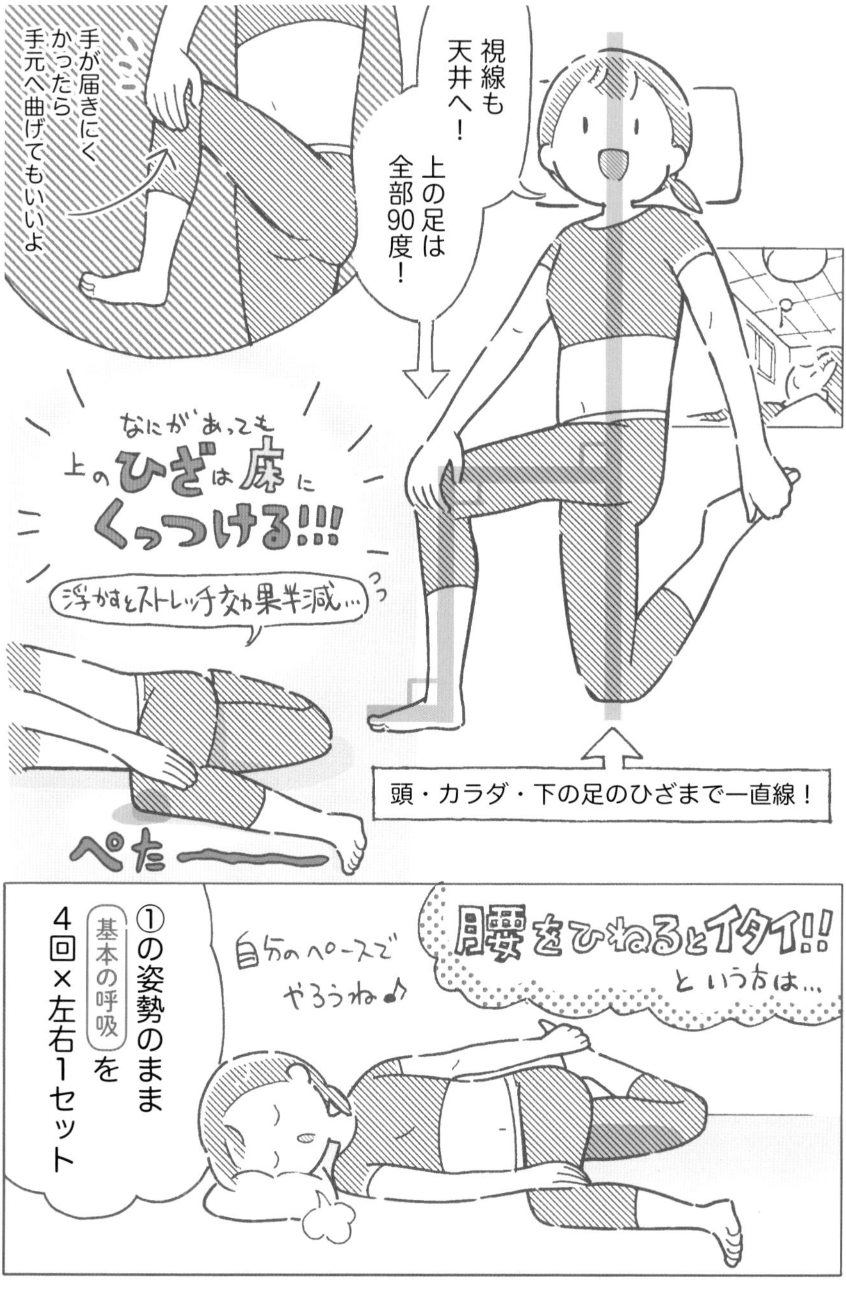
手が届きにくかったら手元へ曲げてもいいよ
視線も天井へ！
上の足は全部90度！
なにがあっても上のひざは床にくっつける!!!
浮かすとストレッチ効果半減…
頭・カラダ・下の足のひざまで一直線！
ぺたーーー
腰をひねるとイタイ!! という方は…
自分のペースでやろうね♪
①の姿勢のまま 基本の呼吸 を4回×左右1セット

ストレッチ4

よつんまる

背中を丸める

❶ よつんばいになる

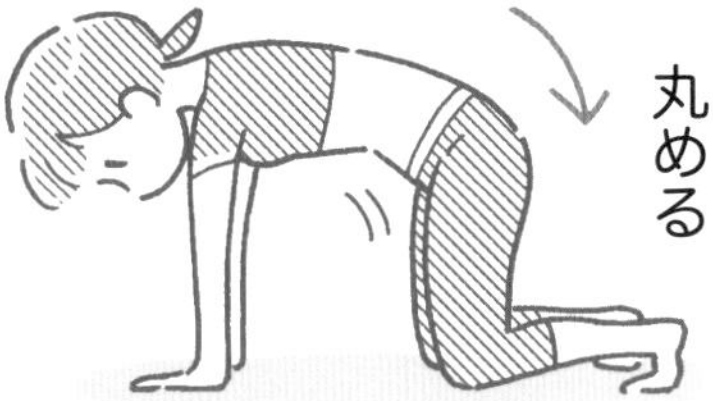

❷ 腰を後ろへ丸める

❸ 背中を天井につけるイメージで背中を丸めて 基本の呼吸 を4回

NG

腰が反っている

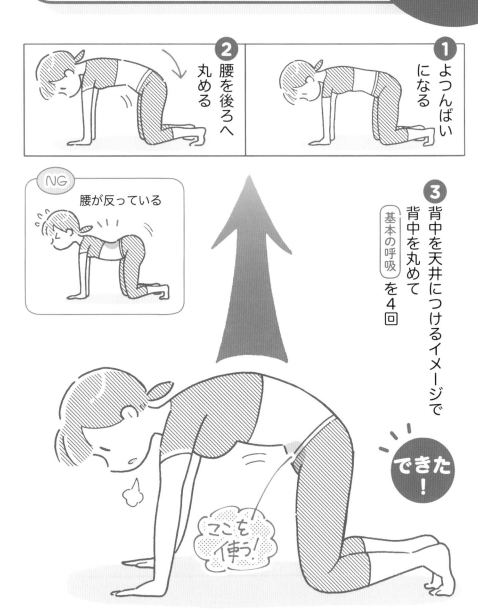

もっと詳しく!

緊張すると
呼吸が
しにくいので…
リラックスーして
やってみよう
ホワ〜
頑張らない
ことが大事♡
お風呂上がりに
やるのもいいね♪
腰を後ろへ丸めるコツ
お腹をひっこめる
ようにして
腰を後ろへ丸めるよ
ぐっ
ぐいーん
詳しくはP.63を
チェックしてね！

もっと詳しく！

知ってなっとく！メカニズム 背中を丸める大切さ☆

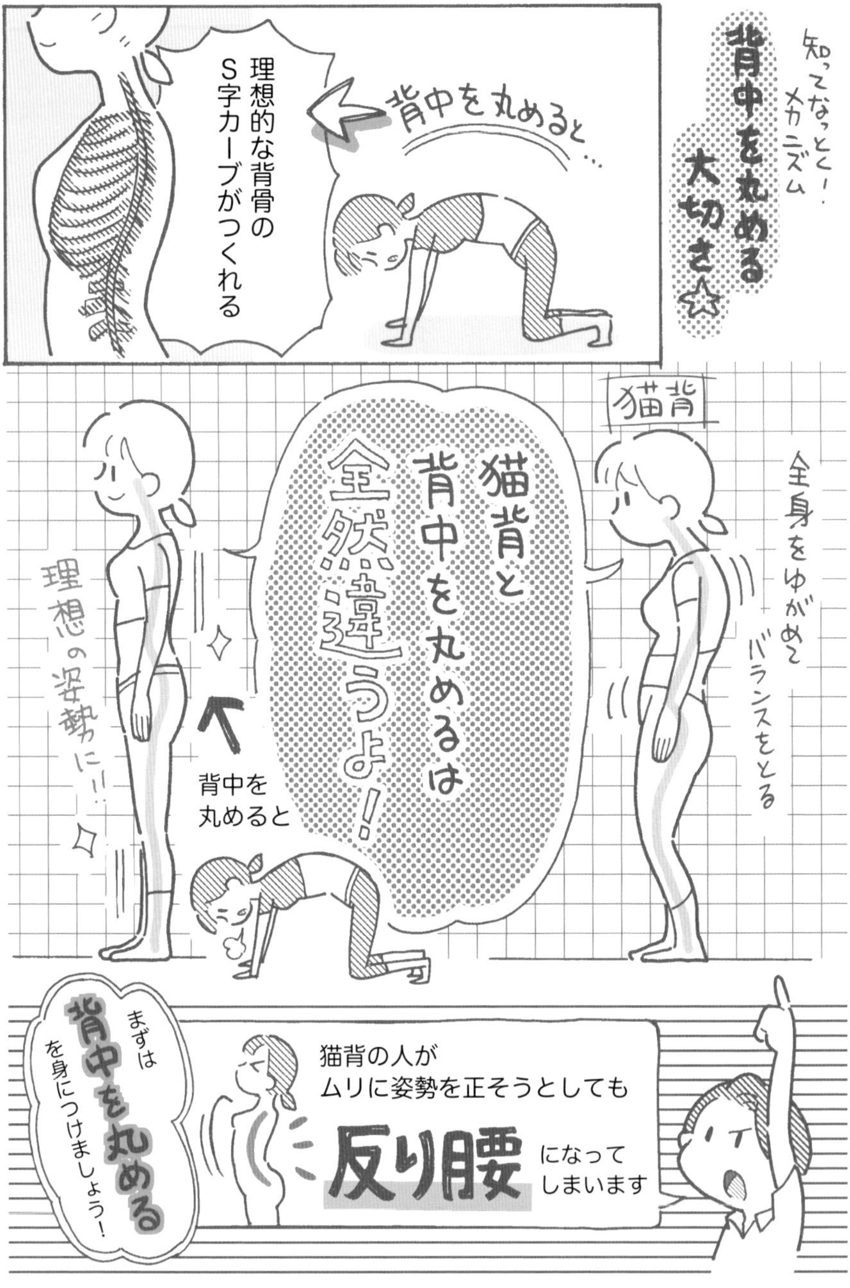
背中を丸めると…
理想的な背骨のS字カーブがつくれる
猫背
全身をゆがめてバランスをとる
猫背と背中を丸めるは全然違うよ！
背中を丸めると
理想の姿勢に!!
猫背の人がムリに姿勢を正そうとしても反り腰になってしまいます
まずは背中を丸めるを身につけましょう！

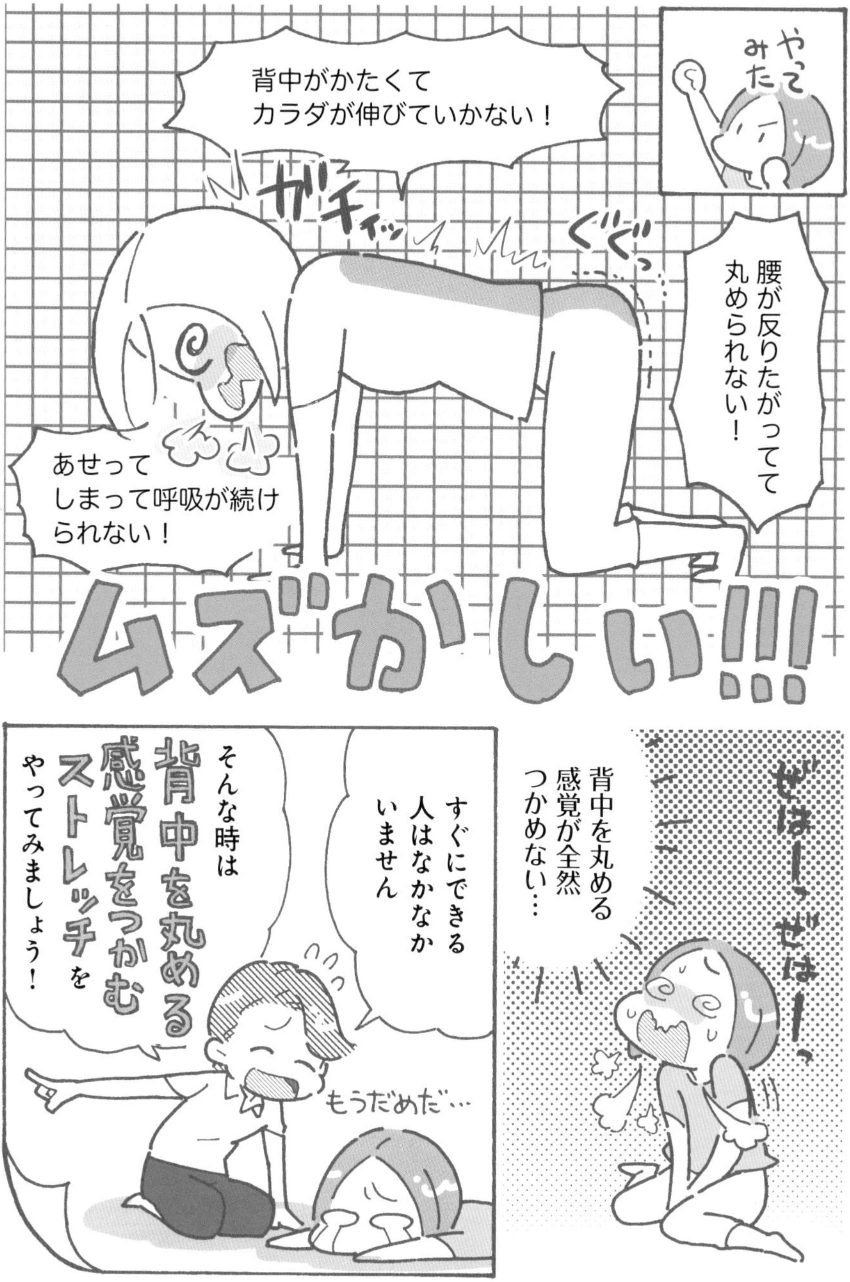
やってみた
背中がかたくて
カラダが伸びていかない！
ガチィッ
ぐぐっ
腰が反りたがってて丸められない！
あせってしまって呼吸が続けられない！
ムズかしい!!!
ぜはーっぜはーっ
背中を丸める感覚が全然つかめない…
すぐにできる人はなかなかいません
そんな時は背中を丸める感覚をつかむストレッチをやってみましょう！
もうだめだ…

ストレッチ 5

L字呼吸

背中を丸めやすくなる

❶ イスに足をかけて寝る

❷ 胸とお腹に手を置く

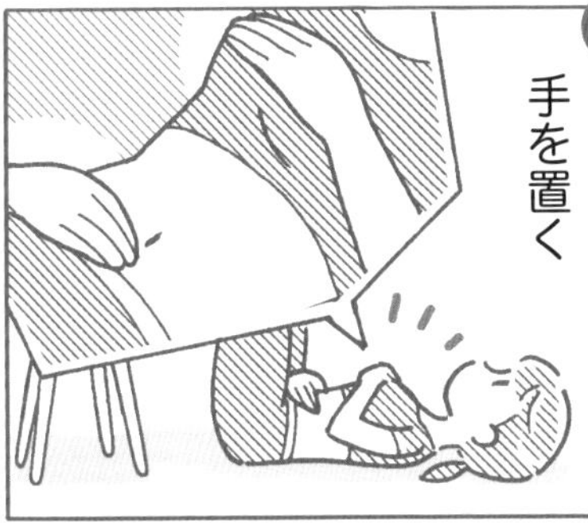

❸ かかとでイスを押しお尻を2～3㎝上げた状態で基本の呼吸を4回

できた！
ここを使う！
ここを使う！

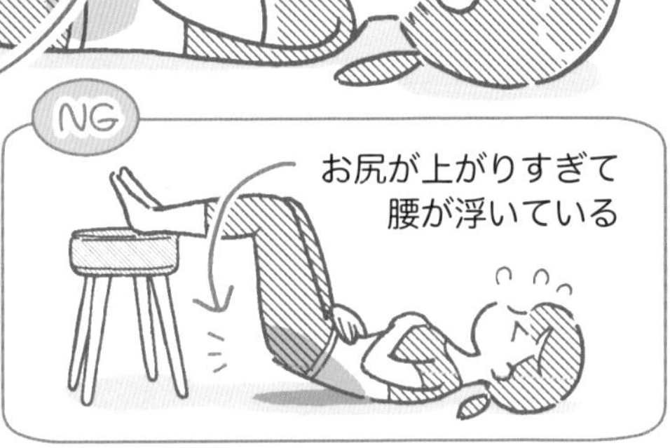
NG
お尻が上がりすぎて
腰が浮いている

もっと詳しく！

リラックス〜
高さの目安は
40～45cm
ベッドでもできる！
あばらが横に広がるのを感じてね
呼吸をカラダで実感
できる姿勢だよ！
腰は反らさないように！
イスなど
高いものが
ない場合
③から
ひざを立てて
基本の呼吸を
4回
こぶし1つ分
あける

ストレッチ 6

かたつむり

背中を丸める感覚がつかめる

1 正座をする

2 上半身を前に倒して ひざの前に腕をつく

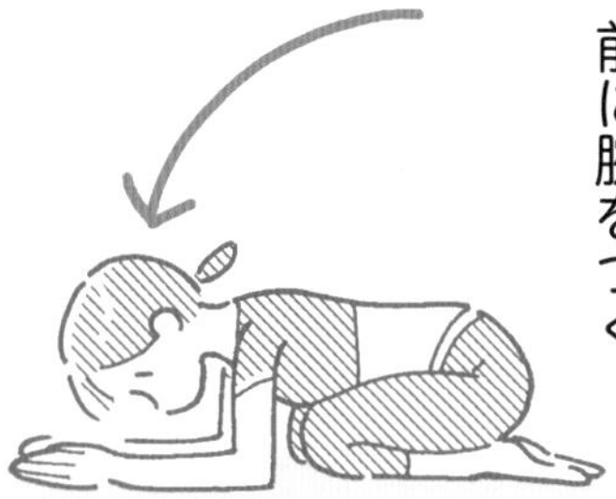

3 背中を天井につけるイメージで背中を丸めて 基本の呼吸 を4回

NG

できた！

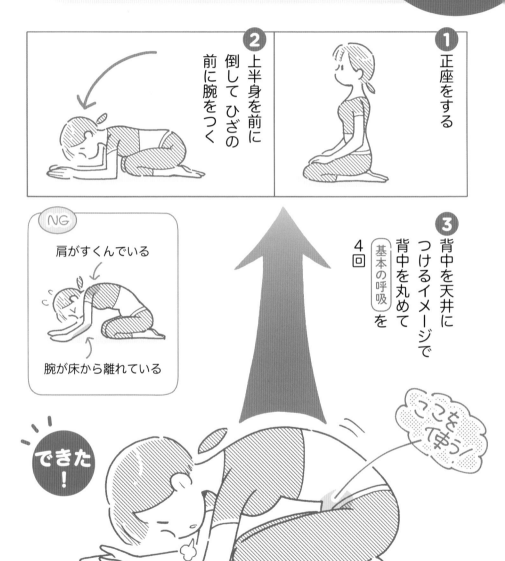

もっと詳しく！

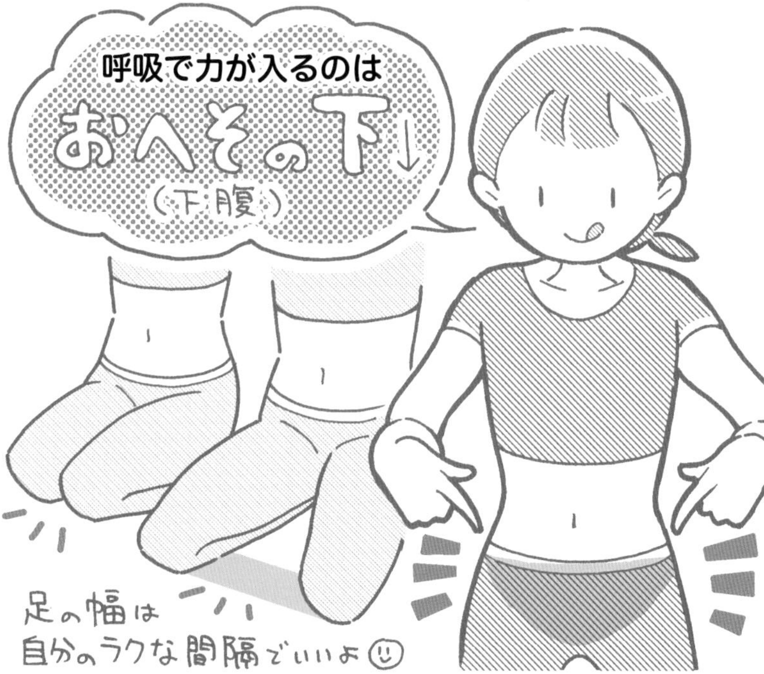
呼吸で力が入るのは
おへその下↓
（下腹）
足の幅は
自分のラクな間隔でいいよ☺

①から両手を床につけ
手のひらから背中を遠ざける
イメージで
背中を丸めて
基本の呼吸を
4回

腕が床につきにくい人は…

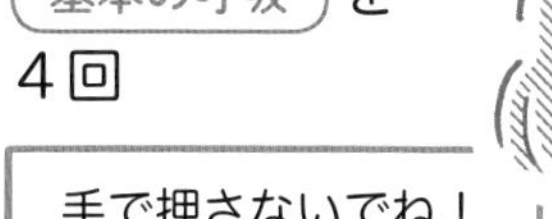
手で押さないでね！

エッセイマンガ①
筋トレざせつ女子、再起する
今日はありがとうございました！
ひとまず1カ月ほど《基本の呼吸》とストレッチをやってみてください！
またいらしてくださいね！
呼吸ってすごく大事なんだな……
そういえば小さい頃から小太りな私は出っ張ってるお腹をヘコませようとお腹を動かさない呼吸をしていたっけ
おなか出ないで〜
今考えると肩や首を使った呼吸が自然と身についてしまったのかもしれない！
ぶはーっ
ぶはーっ
ひぃぃぃ〜
やせたい!!
まずは先生の言う通り《基本の呼吸》をやってみよう！

1週間後……
変化はすぐにあらわれた!!

むだな力が入らなくなった！
首と肩がゆるまる！
ゆるんっ
舌の位置をスポットに★
ギリギリ
かみしめがひどくてカラダがこわばっていたけど
緊張
不安
心配
うーんうーん
眠れない時は…
ふう
基本の呼吸をやってリラックス♥♥
ゆるんっ♪
背中とお尻の引っ張り感がなくなった!!

全然意識したことなかったけど
呼吸だけでこんなに変わるんだー！

全身がとける〜♡

嬉しくなって基本の呼吸を意識しながらストレッチを続けてみた
きもちいいー♡
ねじり
とはいえそこはめんどくさがり屋な私
お仕事疲れた……
しんどい……
帰宅したらもう動きたくない……
玄関で倒れる
今回も続かないのか……
いや
でも
うーん
うーーん
ストレッチなら「寝ながら」できる……
そうだ！
「ベッドの横にマット出しっぱなし」作戦だ！
ベッド
どぉーん
ドンキで買ったジョイントマット

目ざめとともに
床(マット)に
落ちて…
ねこのび〜〜
一歩も歩かず
ストレッチ!
そのまま
足を上げて
ベッドで
L字呼吸—
天才か!?
ストレッチなら
生活の中に
取り入れられる!
起き抜けに
姿勢が整うので
目覚めが
めちゃくちゃいい!
シャッ
めんどくさがり屋な
私でも これなら
続けられそうだ!

背中を丸めるコツ

～よつんまるができなくても大丈夫～

丸めにくいのはどっち?

❶ 肩～背中の中心あたり

❷ 背中の中心～お腹あたり

①の方は…

うつ伏せの状態で
基本の呼吸をしてみよう

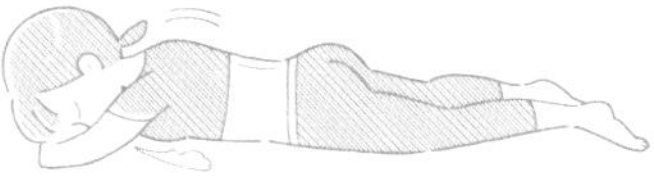

呼吸をするだけで自然と
お腹がふくらみ背中が丸まる！

②の方は…

よつんばいの状態から
かかとにお尻をつけてみよう

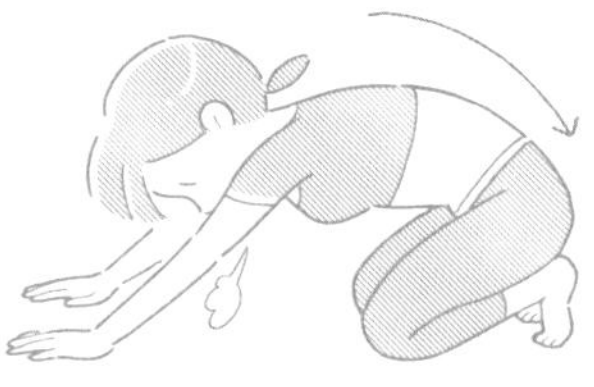

この姿勢で基本の呼吸を
すれば自然と背中が丸まる！

STEP 2

カラダのゆがみを整えるストレッチ

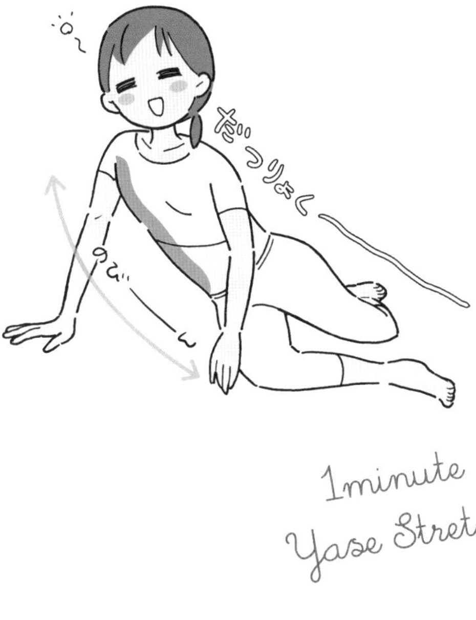

1minute
Yase Stretch

イントロマンガ②

ストレッチでカラダの不調が全部消える!?

ストレッチを始めて1カ月後
先生こんにちは！
ガチャッ
たかツキさん！
ストレッチを続けてみていかがですか？
ねこのびをやるだけで反り腰の痛みがやわらいだ気がします！
カラダの背面が伸びる〜♡
やった分だけカラダがラクになっているので毎日続けられています！
それはよかった!!
今日はカラダのゆがみを整えるストレッチを紹介しますね
カラダのゆがみ？
私のカラダってゆがんでいるんですか？
例えば肩こり 首こり 腰痛など…
そうした症状を感じているのであればカラダのゆがみがでている証拠です
!!
私 腰痛にずっと悩んでいてデスクワークで肩こりもひどいんです！

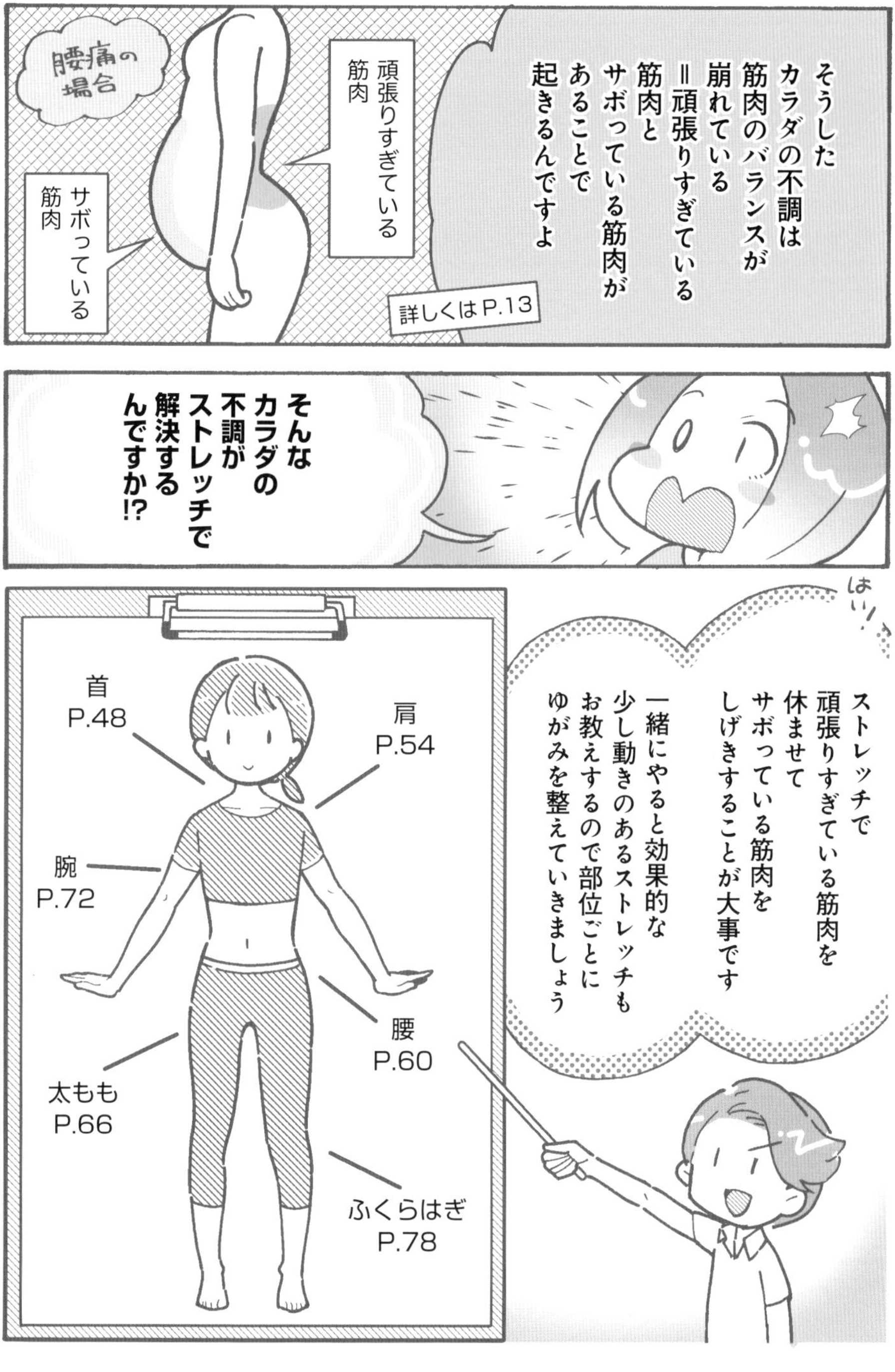

そうしたカラダの不調は筋肉のバランスが崩れている＝頑張りすぎている筋肉とサボっている筋肉があることで起きるんですよ
頑張りすぎている筋肉
腰痛の場合
サボっている筋肉
詳しくはP.13
そんなカラダの不調がストレッチで解決するんですか!?
はい!
ストレッチで頑張りすぎている筋肉を休ませてサボっている筋肉をしげきすることが大事です
一緒にやると効果的な少し動きのあるストレッチもお教えするので部位ごとにゆがみを整えていきましょう
首 P.48
肩 P.54
腕 P.72
腰 P.60
太もも P.66
ふくらはぎ P.78

ストレッチ 7

肩おとし

とってもカンタン☆

首こり・肩こりに効く

❶ 頭を横へ傾ける

❷ 頭を前へ倒す

❸ 頭を反対側を向ける

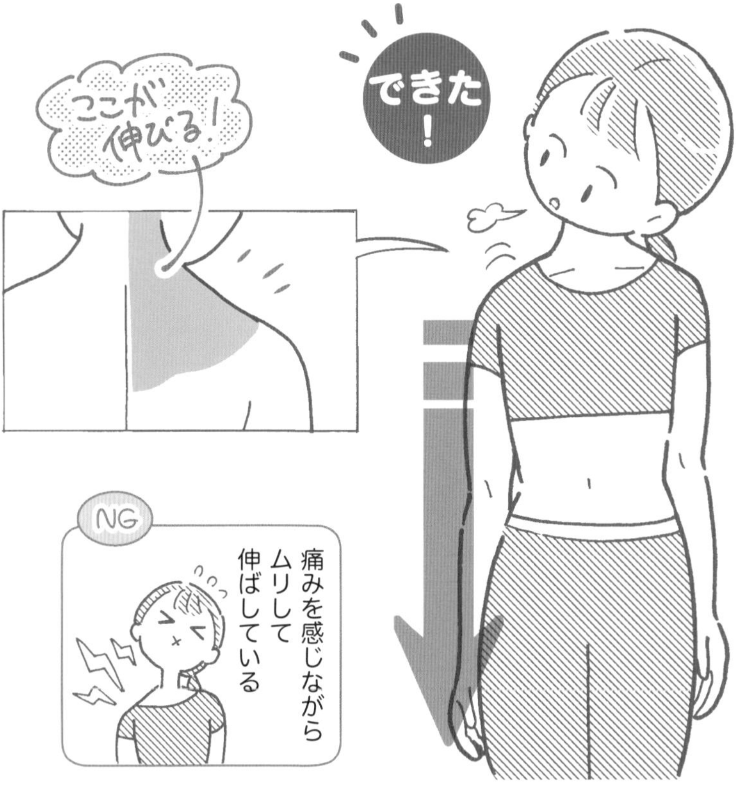
できた！
ここが伸びる！
NG
痛みを感じながらムリして伸ばしている

❸ 向いた方の肩を真っ直ぐ下げて 基本の呼吸 を4回×左右1セット

もっと詳しく！

地味だけどとっても大事☆
手順を踏むことで
効かせたい筋肉を
伸ばすことができます！
反対側を向く
3
前
2
横
1

頭がどうしても
動いてしまう人は
伸ばさない方の手で
頭をおさえてみてね

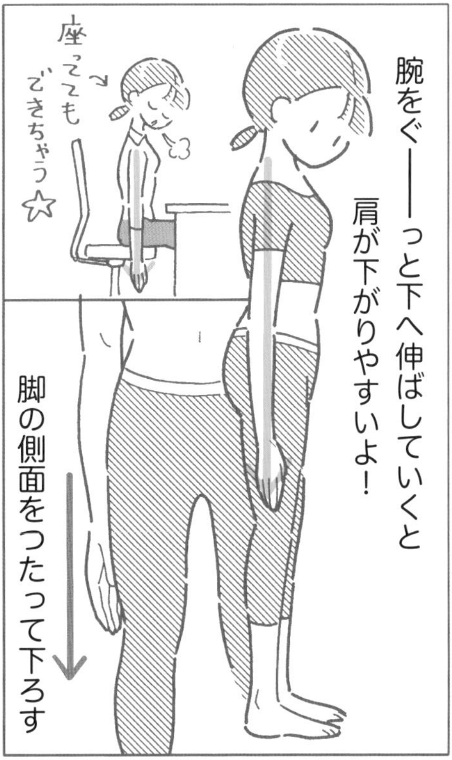

腕をぐーーっと下へ伸ばしていくと
肩が下がりやすいよ！
座っててもできちゃう☆
脚の側面をつたって下ろす

もっと詳しく!

知ってなっとく!メカニズム

首こり・肩こりの原因

肩周りの筋肉がかたまると……
衝撃がそのまま首や肩に伝わる!
首こり・肩こりの原因に!!
首の正しいカーブが作れると衝撃を抑えるクッションになる♪

実は頭痛の原因にも……
ズキン
歩いている時に着地の衝撃が頭に伝わって頭痛になることもあるんだよ
ドーンッ

首の正しいカーブをつくる
ストレッチは次のページ!

いつでもどこでも!

首のストレッチ

①首の後ろをおさえる
②頭を後ろに倒す

これだけ!!
ここを動かす!!
きもちいい〜
目の疲れをリフレッシュ!
ゴリゴリゴリ
座ってできる首のマッサージ
後頭下筋《KŌ TŌ KAKIN》
実はここは……
目が動く時に使う筋肉

ストレッチ 8

ごろ寝で前ならえ

首の正しいカーブをつくる

1 あおむけになって丸めたバスタオルを首の下に敷く

2 両腕を上げる

3 5秒かけて息を吐きながらバンザイする

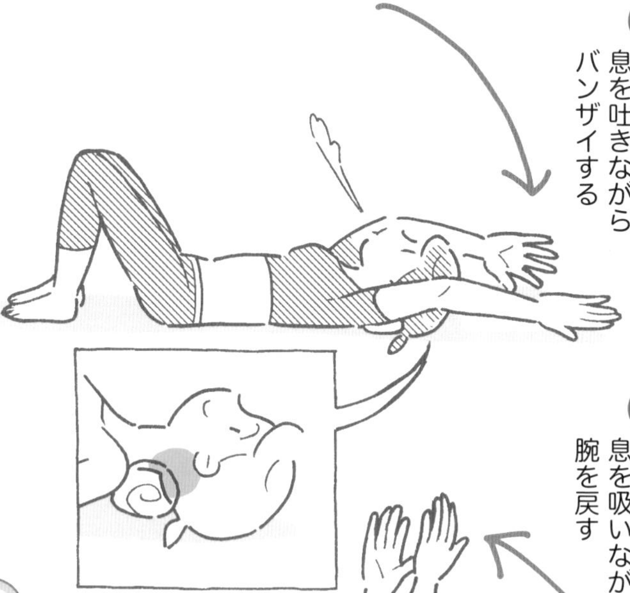

4 5秒かけて息を吸いながら腕を戻す

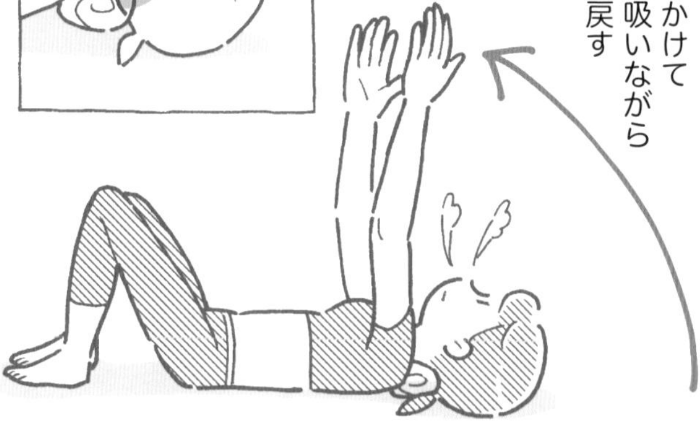

5 ③④を6回繰り返す

できた！

NG

腰が床から浮いている

もっと詳しく!

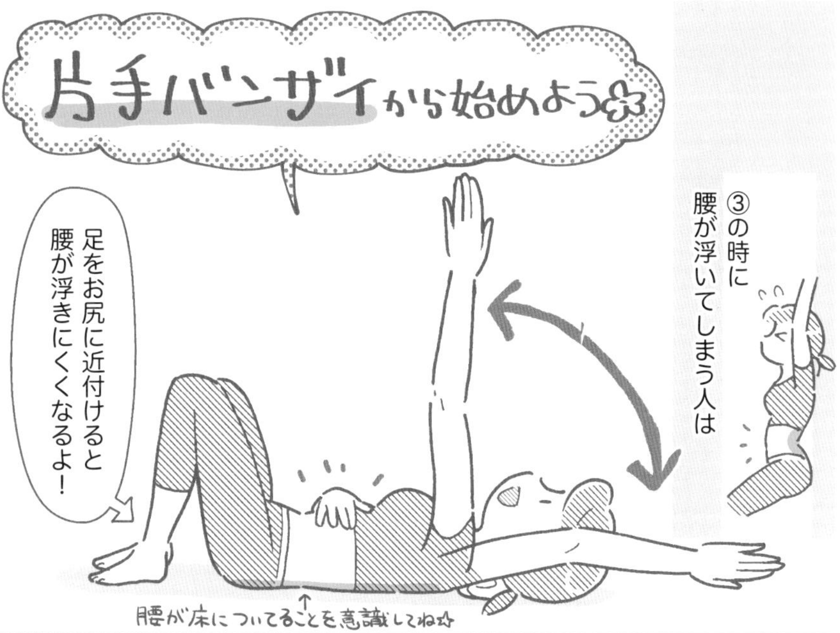
片手バンザイから始めよう
足をお尻に近付けると腰が浮きにくくなるよ!
③の時に腰が浮いてしまう人は
腰が床についてることを意識してね☆

バスタオルの目安の高さは5〜7cm
①1回たたんで
②もう1回たたんで
③ぐるぐるっと丸めて
完成!!
自分の高さに合わせて作ってみてね☆

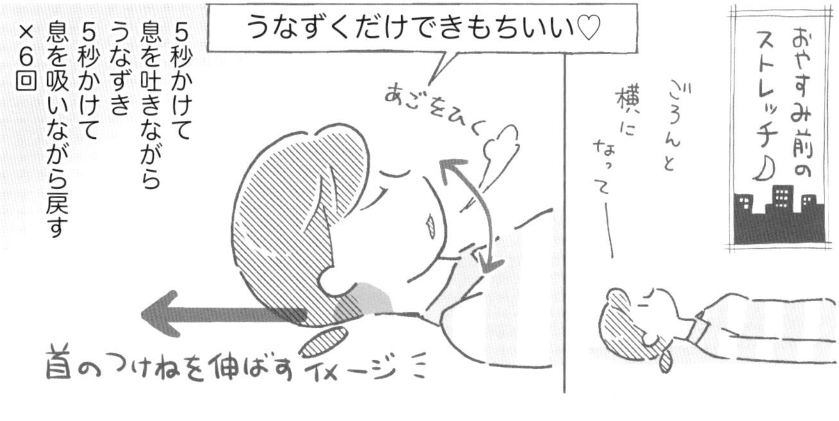
5秒かけて息を吐きながらうなずき5秒かけて息を吸いながら戻す×6回
うなずくだけできもちいい♡
あごをひく
首のつけねを伸ばすイメージ
おやすみ前のストレッチ
ごろんと横になって—

ストレッチ 9

ひじねじり

巻き肩に効く

1 手の平を床と平行にする

2 肩甲骨をななめ内側に引き寄せ手の平を後ろへ持っていく

BACK

3 腕全体をねじり基本の呼吸を4回×左右1セット

できた！
ここが伸びる！
ぐる〜ん

NG
肩が前に出ている

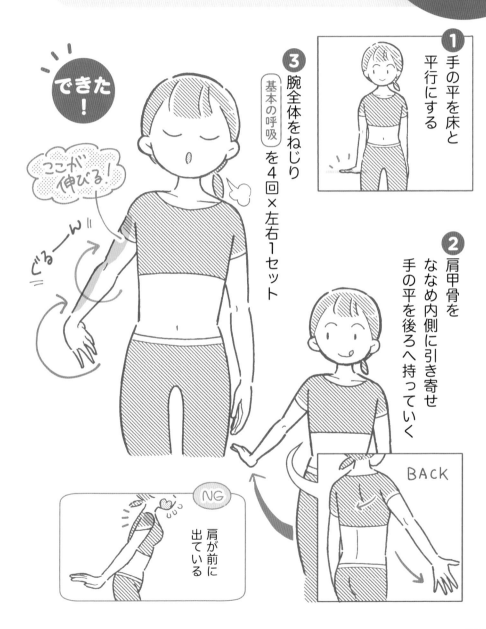

もっと詳しく！

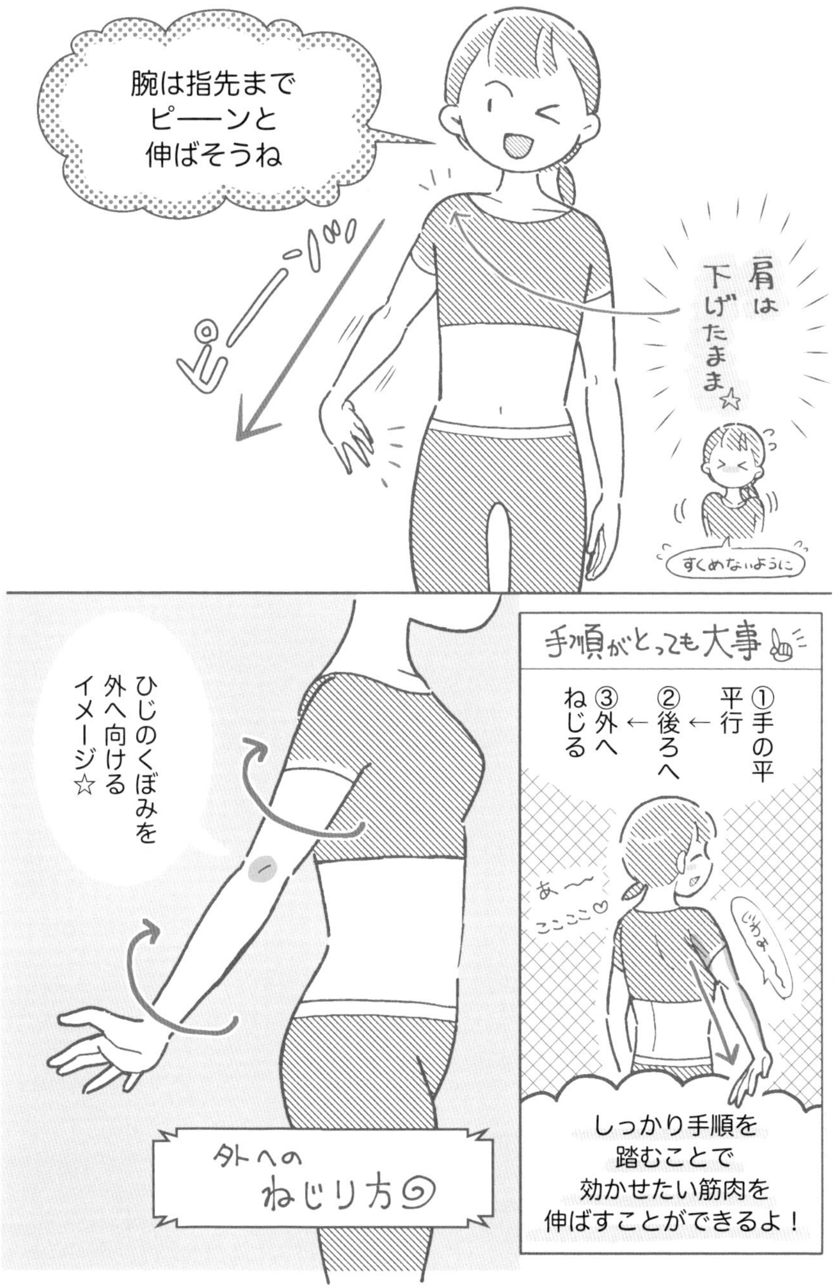
腕は指先まで
ピーーンと
伸ばそうね
肩は下げたまま☆
すくめないように
ひじのくぼみを外へ向けるイメージ☆
外へのねじり方
手順がとっても大事
①手の平平行 ← ②後ろへ ← ③外へねじる
あ〜〜
ここここ♡
じわ〜〜
しっかり手順を
踏むことで
効かせたい筋肉を
伸ばすことができるよ！

もっと詳しく！

知ってなっとく！メカニズム

これだけで姿勢がよく見える

ひじねじりで
腕の後ろを伸ばすと
腕の前側が
動かしやすくなるよ！
ぐいぐいっ
きもちいい～♡

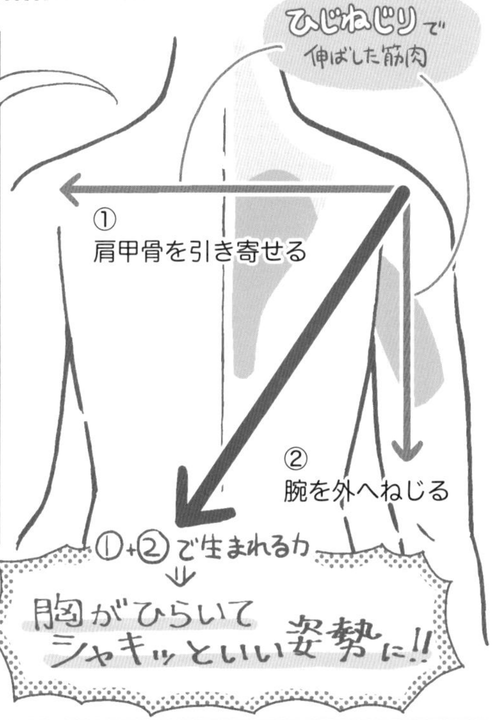
ひじねじりで
伸ばした筋肉
①
肩甲骨を引き寄せる
②
腕を外へねじる
①+②で生まれる力
胸がひらいて
シャキッといい姿勢に!!

巻き肩さんに是非
やってもらいたい理由☆

After
シャキッ☆
首が長く見える！
Before
前のめり――
おばあちゃんみたい……

レポート
ひじねじりで胸がひらく！
ひじねじりで巻き肩が治った気がする!!
肩が正しい位置になってる！
息がしやすい!!
一時的には効果がありますが……
背中と腕の後ろ側の筋肉を使うとより効果的です
理科の実験みたい
では伸ばしたところで
あわせて次のページのストレッチもやってみましょう！
はーい

ストレッチ 10

なかなか
アクロバティック☆

逆よつんばい

もっと！巻き肩に効く

1 体育座りをする

2 肩の真下より少し後ろに手をつく

3 お尻を持ち上げて腰を丸める

腰を丸めるコツはP.63を見てね

NG

肩がすくんでいる
指先が外へ向いている
腰が反っている

4 肩をぐっと下げ首を長くするイメージをキープして 基本の呼吸を4回

ここを使う！
できた！

もっと詳しく!

太ももに効いていないなー
という時は
足を遠くにすると
効くようになるよ

つま先は浮かせよう!

手をつく場所がイスの上に変わっただけ!!
イスでも!!逆よつんばい
すねが垂直だったらOK!

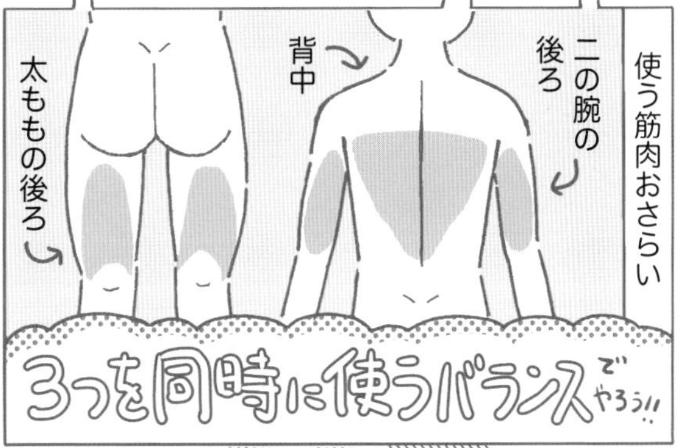
使う筋肉おさらい
二の腕の後ろ
背中
太ももの後ろ
3つを同時に使うバランスでやろう!!

手首が痛む人は手の下にバスタオルを敷くとラクになるよ

ストレッチ 11

ながら脇のばし

反り腰に効く

1 上半身を起こして横座りをする

2 肩の下より少し外側へ手を置く

3 床についた手に向かってもたれ 基本の呼吸 を4回×左右1セット

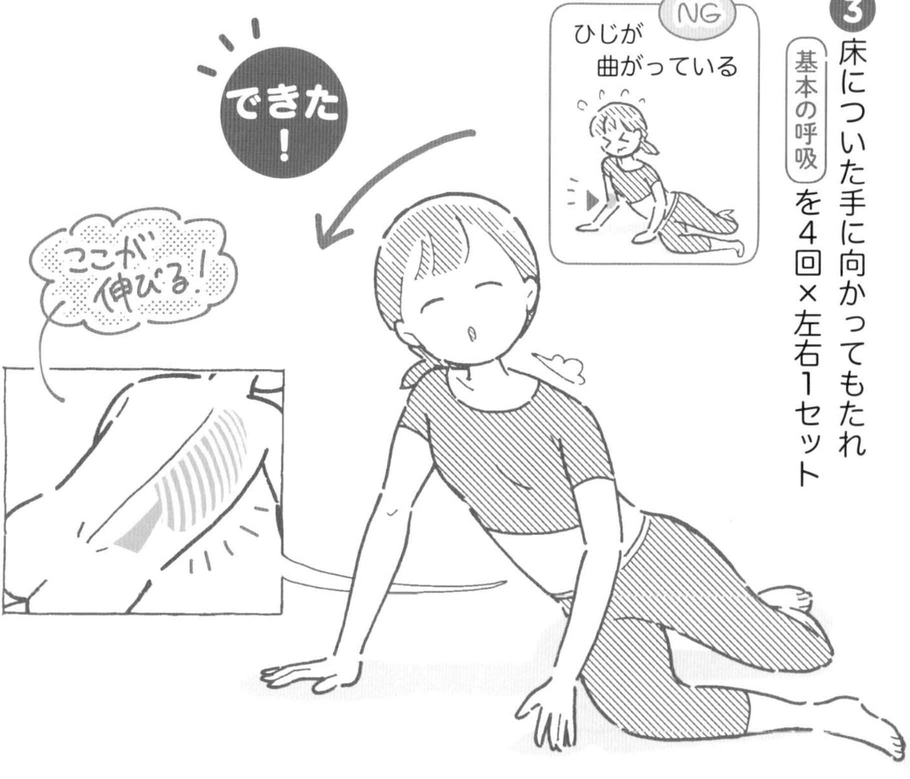
NG
ひじが曲がっている
できた！
ここが伸びる！

もっと詳しく!

緊張しちゃうと伸びないので
上半身は
手によっかかって
だら〜〜ん
としてね
だつりょく〜
のび〜〜ん

伸びにくい時は…
手の位置を調整してみてね
足は90°!
ながらでできちゃう!!
のび〜ん

もっと詳しく！

知ってなっとく！メカニズム

反り腰の原因

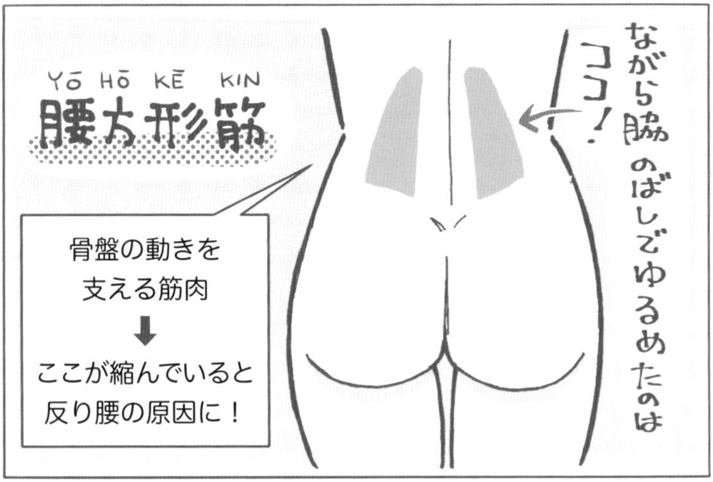

腰方形筋《YŌ HŌ KĒ KIN》
骨盤の動きを
支える筋肉
ここが縮んでいると
反り腰の原因に！
ながら腸のばしでゆるめたのは
ココ！

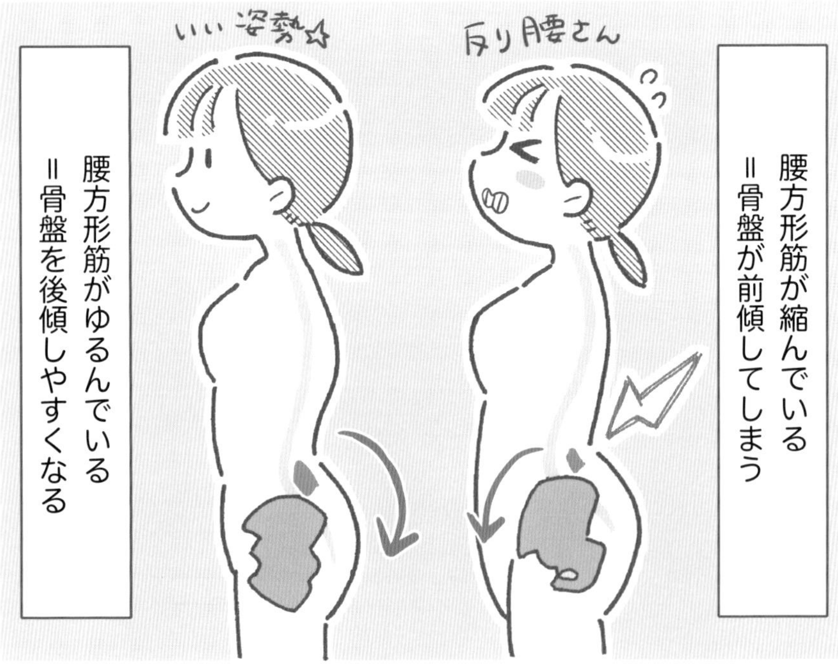

いい姿勢☆
腰方形筋がゆるんでいる
＝骨盤を後傾しやすくなる
反り腰さん
腰方形筋が縮んでいる
＝骨盤が前傾してしまう

いい姿勢づくりには後傾させることがポイント！

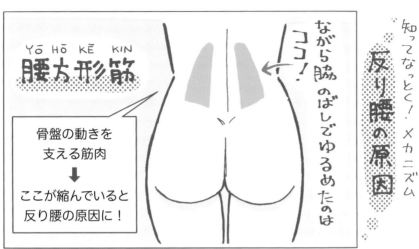

骨盤の動かし方のコツ

-後傾と前傾-

ひざを立てて
あお向けに寝て
腰の下に手を置く

ひざを立てると
腰が反りにくく
なるんだよ！

後傾

息を吐きながら
腹筋を使って
手をゆっくり
つぶしていく

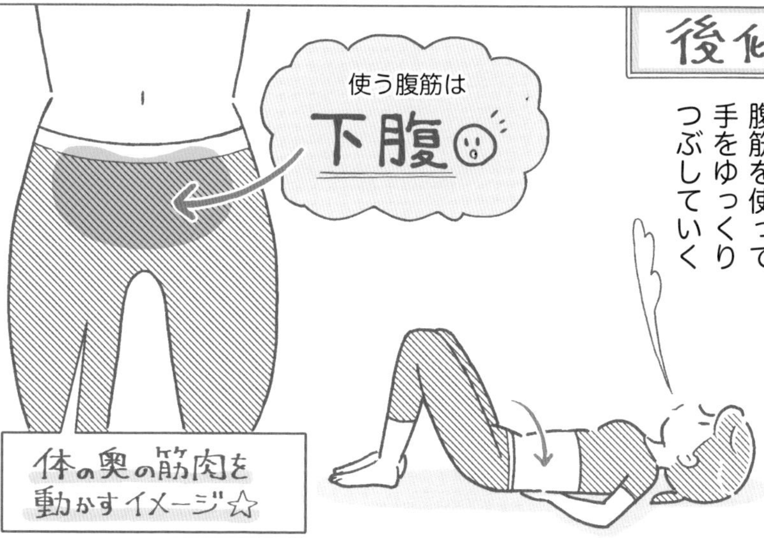
使う腹筋は
下腹
体の奥の筋肉を
動かすイメージ☆

前傾

腹筋を使って
手からゆっくり
腰を離す

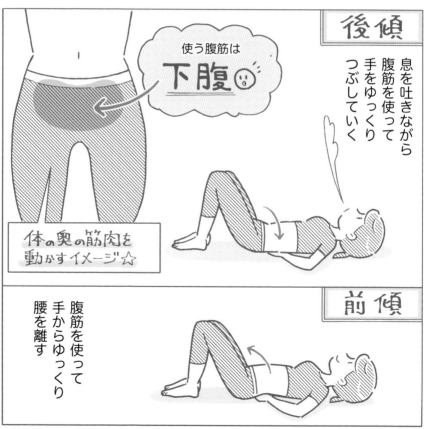

ストレッチ12

 すべり台

もっと！反り腰に効く

1 あおむけになって腰を丸める

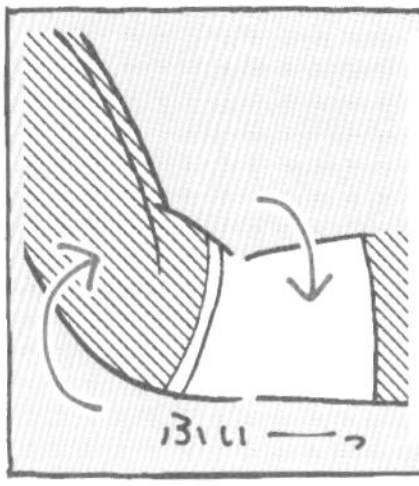

腰を丸めるコツはP.63を見てね

2 10秒かけて腰↓背中の順でゆっくり上げていく

3 10秒かけて背中↓腰の順でゆっくり下げていく

4 ①〜③を3回繰り返す

できた！

NG

腰が反っている

腕の力を使っている

もっと詳しく！

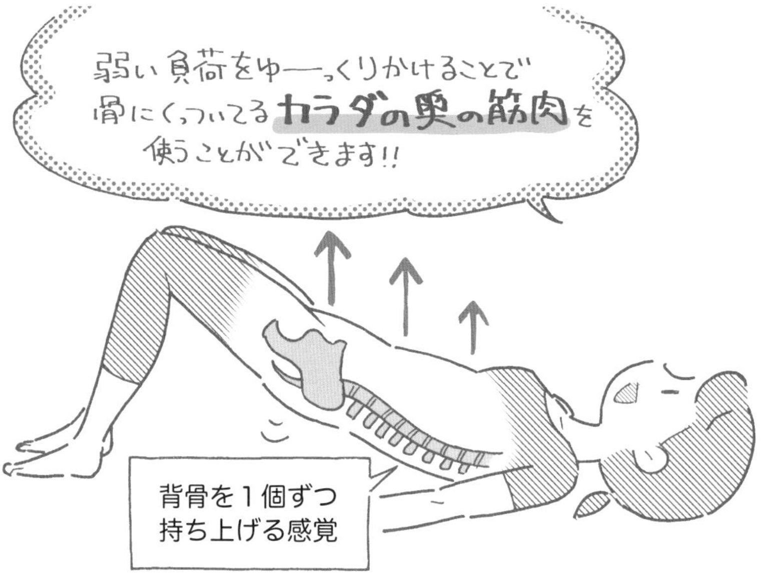
弱い負荷をゆ〜っくりかけることで
骨にくっついてるカラダの奥の筋肉を
使うことができます!!
背骨を1個ずつ
持ち上げる感覚

ひざから肩
まで一直線！
頂点の姿勢
めざせ30秒！
30
上げ下げの時
10秒以上時間を
かけるのも効果的☆
カラダは肩と太ももで支える

ぎゅ〜〜〜っっ
内ももにも効く!!
おしつぶすかんじで！
ひざにタオルをはさんで
やってみよう！
ものたりない
人は…☆

ストレッチ 13

脱・O脚!

太ももはがし

太ももの張りに効く

1 片方のひざを地面につける

2 腰を丸める

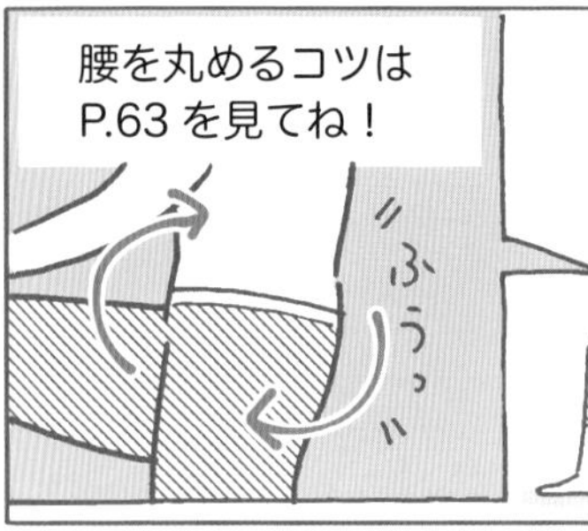

腰を丸めるコツはP.63を見てね！
ふぅっ

3 重心を少しだけ前へもっていく

4 上半身を右へ
お尻を左へもっていき
基本の呼吸を4回
×左右1セット

ここが伸びる!
できた!

NG
腰が反っている

もっと詳しく!

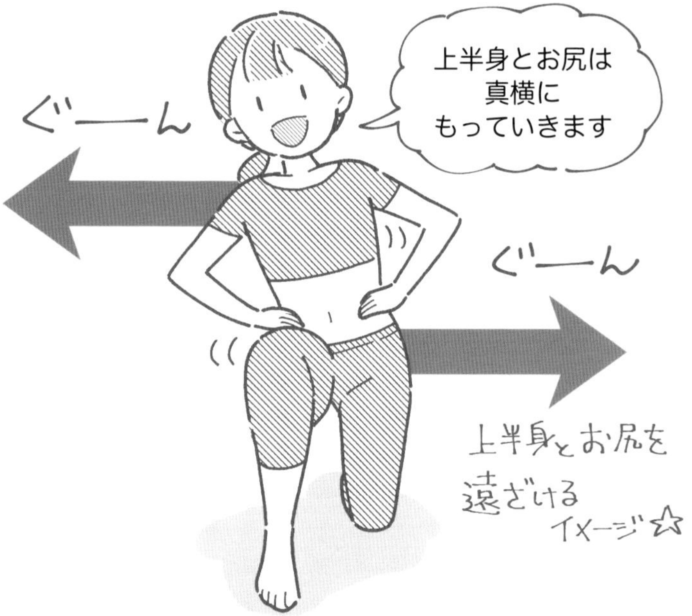
ぐーーん
上半身とお尻は
真横に
もっていきます
ぐーーん
上半身とお尻を
遠ざける
イメージ☆

バランスをとろうとして
カラダがかたくなっては
いけない!ので…
何かにつかまってて
もいいよ
太ももが伸びていれば
ALL OK!!

腰が反っていると
どこまででも前へいっちゃう
ぐいーーーん
ぜんぜん効いてないよ

O脚の原因

知ってなっとく! メカニズム

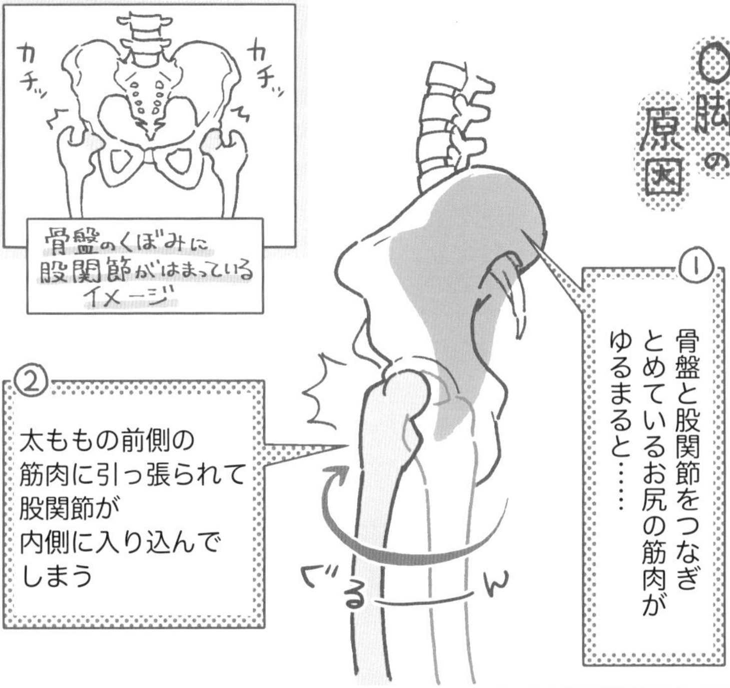
カチッ
カチッ
骨盤のくぼみに股関節がはまっているイメージ
①
骨盤と股関節をつなぎとめているお尻の筋肉がゆるまると……
②
太ももの前側の筋肉に引っ張られて股関節が内側に入り込んでしまう
ぐるーん

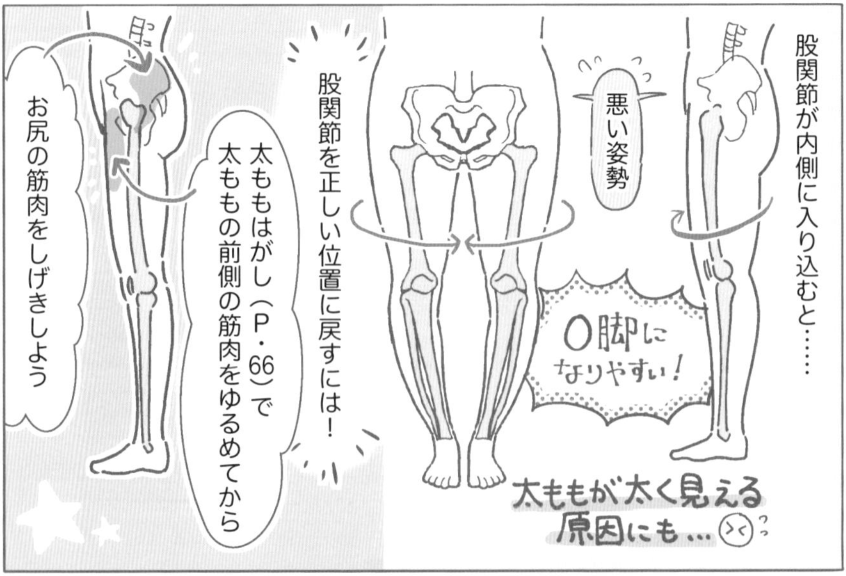
股関節が内側に入り込むと……
悪い姿勢
O脚になりやすい!
太ももが太く見える原因にも…
股関節を正しい位置に戻すには!
太ももはがし(P・66)で太ももの前側の筋肉をゆるめてから
お尻の筋肉をしげきしよう

①浅めにイスに座る
②腰を丸める
③お尻の筋肉を意識しながら
　片方のひざを内側に足を
　外側にし
基本の呼吸 を４回×左右１セット

座ったままで お尻をしげき!!

太ももはがしと一緒にやってほしい!!

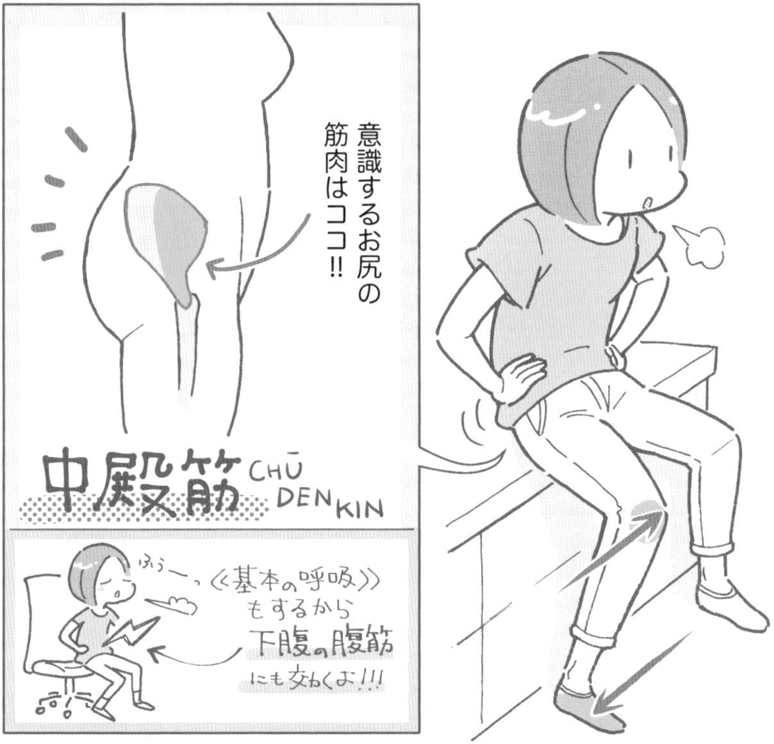
意識するお尻の筋肉はココ!!
中殿筋 CHŪ DEN KIN
ふぅ〜っ
≪基本の呼吸≫もするから
下腹の腹筋にも効くよ!!!

意識する場所さえつかめばいつでもどこでもできるよ
なかなかつかめないよ〜〜
どこ〜!?
わかりにくい時は手で触って筋肉に力が入っているか確認するのがオススメです!

ストレッチ 14

ひざ八の字

O脚改善に効く

1 枕などを頭に敷いて横になり手を腰にあてる

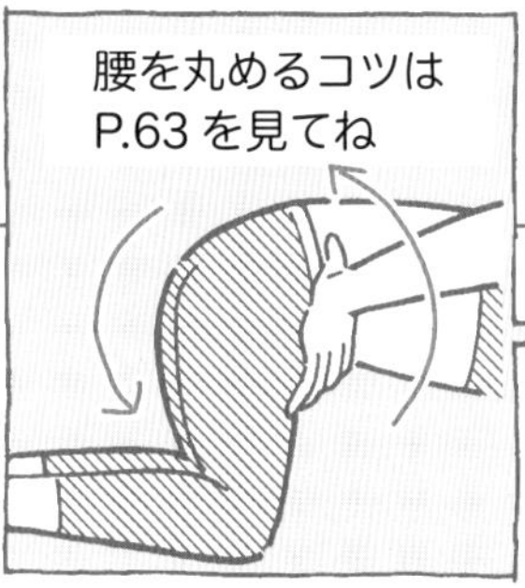
腰を丸めるコツは
P.63 を見てね

2 腰を丸める

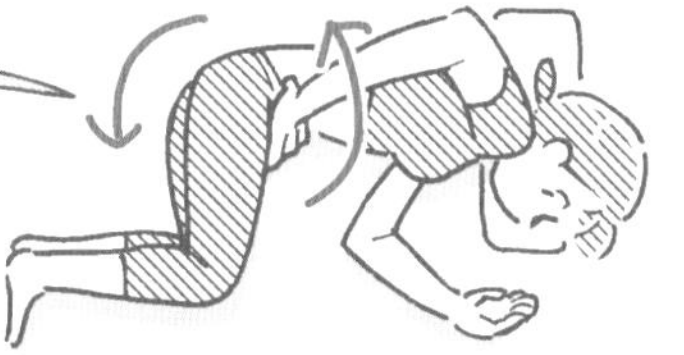

3 かかとを支点にして《上の脚のひざを開いてギリギリで閉じる》を15回×左右1セット

NG
上半身が
上を向いている

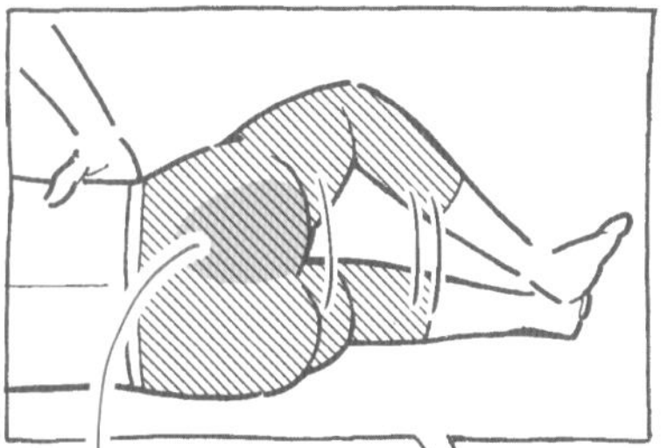

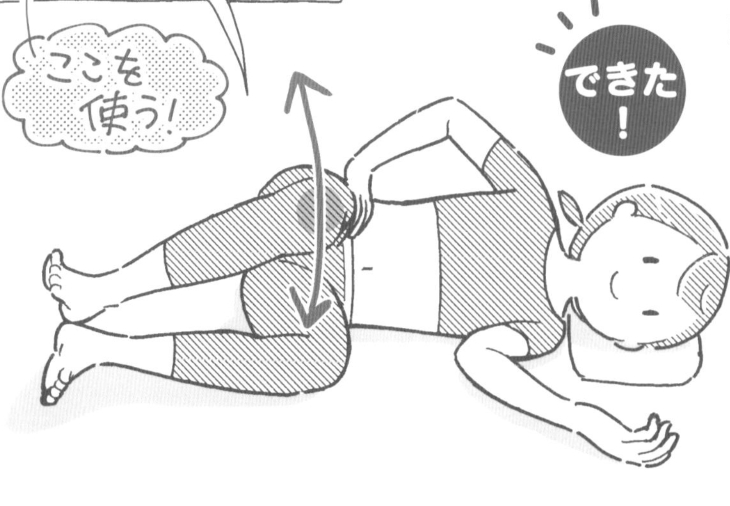
ここを
使う!
できた
!

もっと詳しく!

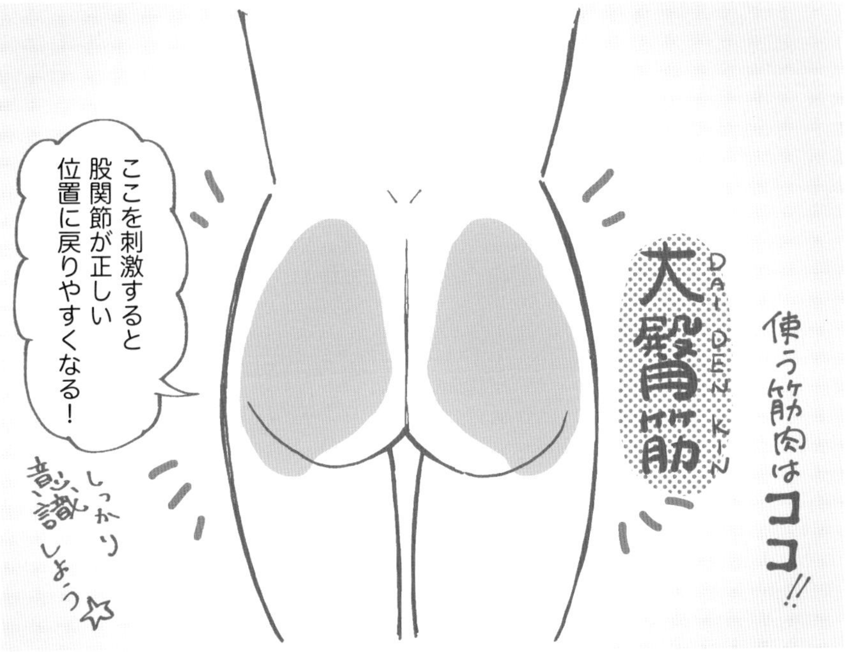
ここを刺激すると股関節が正しい位置に戻りやすくなる!
しっかり意識しよう☆
大臀筋
DAI DEN KIN
使う筋肉はココ!!

腰に手を当てて腰が反ってしまっていないかチェックしてね

脚を動かすコツ
太ももの骨だけ動かす
イメージ!!
大きく動かすよ

ストレッチ 15

ペンギン

ぺんー

二の腕の張りに効く

1 カラダの横で両手を床と平行にする

2 両手をゆっくりと開いていき気持ちのいいところでとめる

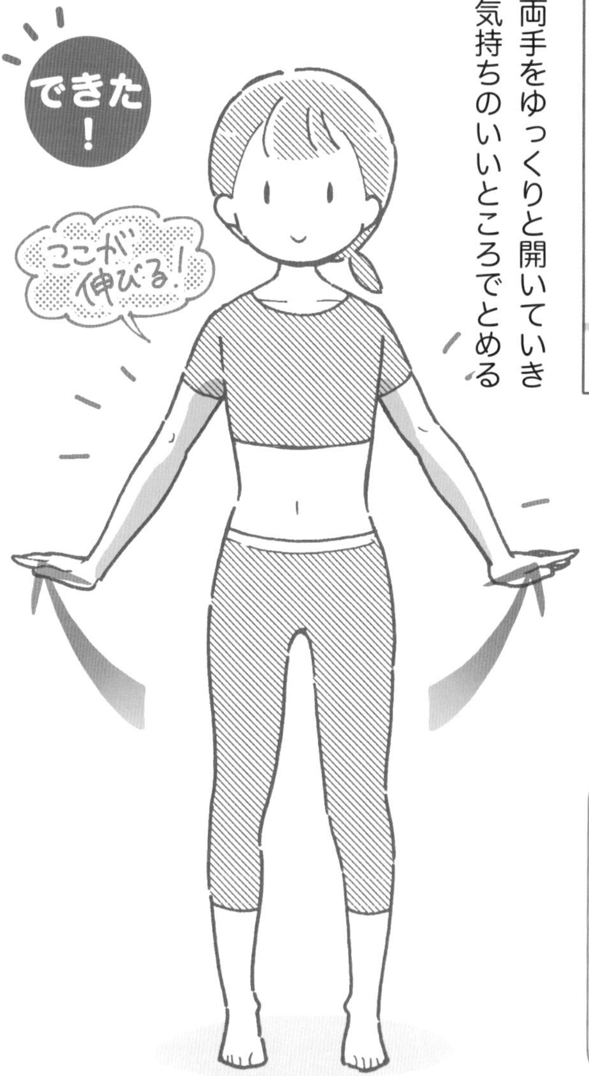
できた！
ここが伸びる！

NG

肩が前に出ている

もっと詳しく！

真横より
ちょっと後ろへ
開いていくよ！
45°~30°くらい
気持ちいい〜♡ところで
とめてね
これだけでいいペン——
ペン

職場でやってみた
キーボードを使って
曲げ続けている
腕にも！
座ってできてきもちいい——♡
スマホを使って
しびれた腕にも！

もっと詳しく！

他にもあるぞ!!
いろんなペンギン
〜手・指先も伸びる〜

①よつんばいになる
②手の向きを 180° 回転させる
③お尻を後ろにゆっくり下げて
気持ちいい〜ところで止める

座りペンギン

指先をピーンと伸ばして
手のひらを床に
ぺったりつける
ゆ〜っくり

机ペンギン

片腕ずつやろう〜
手をついてお尻を遠ざける
カラダ全体を遠ざけるイメージでやるとより伸ばしやすくなります！

知ってなっとく！メカニズム 二の腕のたるみの原因

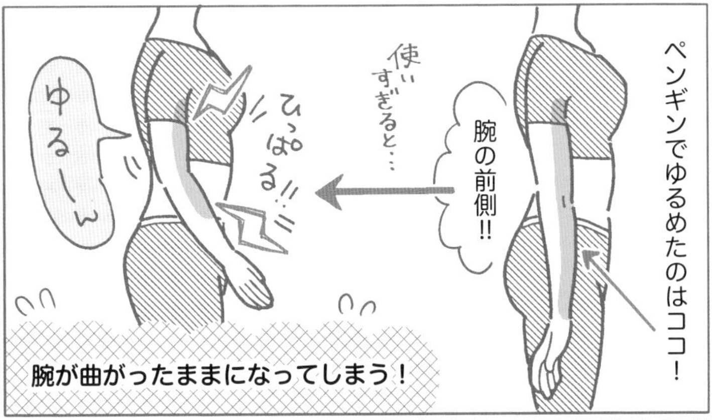
ペンギンでゆるめたのはココ！
腕の前側!!
使いすぎると…
ひっぱる!!
ゆる〜ん
腕が曲がったままになってしまう！

パソコンやスマホ操作を
長時間していると
腕の前側の筋肉を
使い過ぎてしまう
腕の後ろ側の筋肉を
使えずに
二の腕がたるむ!!
パソコンでキーボードをうっている
ゆる〜ん
長時間スマホを使っている
ゆる——ん

二の腕を引き締めるには腕の後ろ側の筋肉も使うことが必要なんですね
ペン——
そのとおり!!
二の腕をさらに引き締めるストレッチは次のページです

ストレッチ16

片腕アップダウン

二の腕のたるみに効く

1 上半身を起こして横座りをする

2 肩の真下にひじをつき手を斜め前に置く

真上から見ると
ななめに
おく

3 ひじをのばし上半身をゆっくり起こす《縮める⇕伸ばす》を15回繰り返す×左右1セット

NG
ひじが開いている

ここを使う!
できた!

もっと詳しく！

ひじを縮める時は
ひじが床につかないようにね！
二の腕にしっかり効かせるよ!!
上半身は一直線
足を直角にしておくと腰が反りにくくなるよ
反り腰にならないように
お腹をさわってチェック

ストレッチ 17

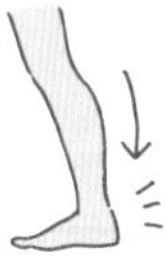

ペタッとかかと

ふくらはぎの張りに効く

1 よつんばいになる

2 お尻を上げる

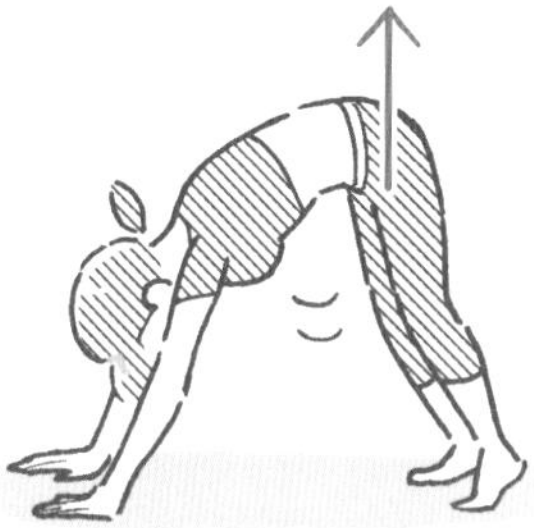

3 ひざを伸ばして
かかとを床に向かって
できるだけ下ろし
基本の呼吸 を4回

NG

腰が反って姿勢が
三角形になっている

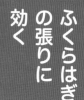

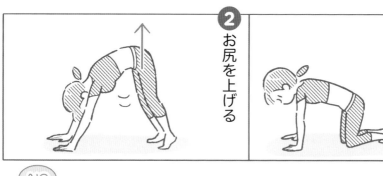

もっと詳しく！

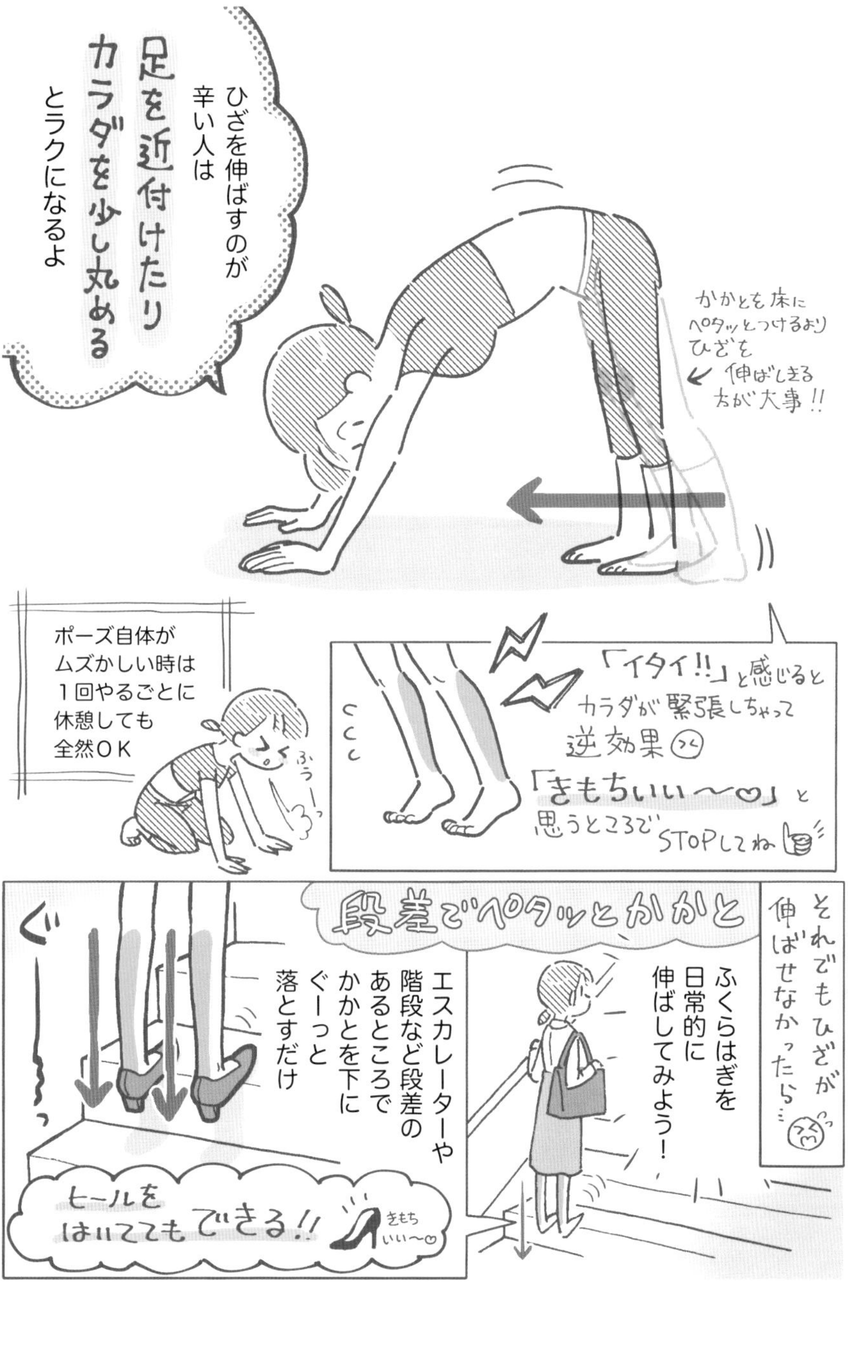
ひざを伸ばすのが
辛い人は
足を近付けたり
カラダを少し丸める
とラクになるよ
かかとを床に
ペタッとつけるより
ひざを
伸ばしきる
方が大事!!
ポーズ自体が
ムズかしい時は
１回やるごとに
休憩しても
全然ＯＫ
ふぅーっ
「イタイ!!」と感じると
カラダが緊張しちゃって
逆効果
「きもちいい〜♡」と
思うところでSTOPしてね
段差でペタッとかかと
それでもひざが伸ばせなかったら…
ふくらはぎを
日常的に
伸ばしてみよう！
エスカレーターや
階段など段差の
あるところで
かかとを下に
ぐーっと
落とすだけ
ぐーーっ
ヒールをはいててもできる!!
きもちいい〜♡

もっと詳しく!

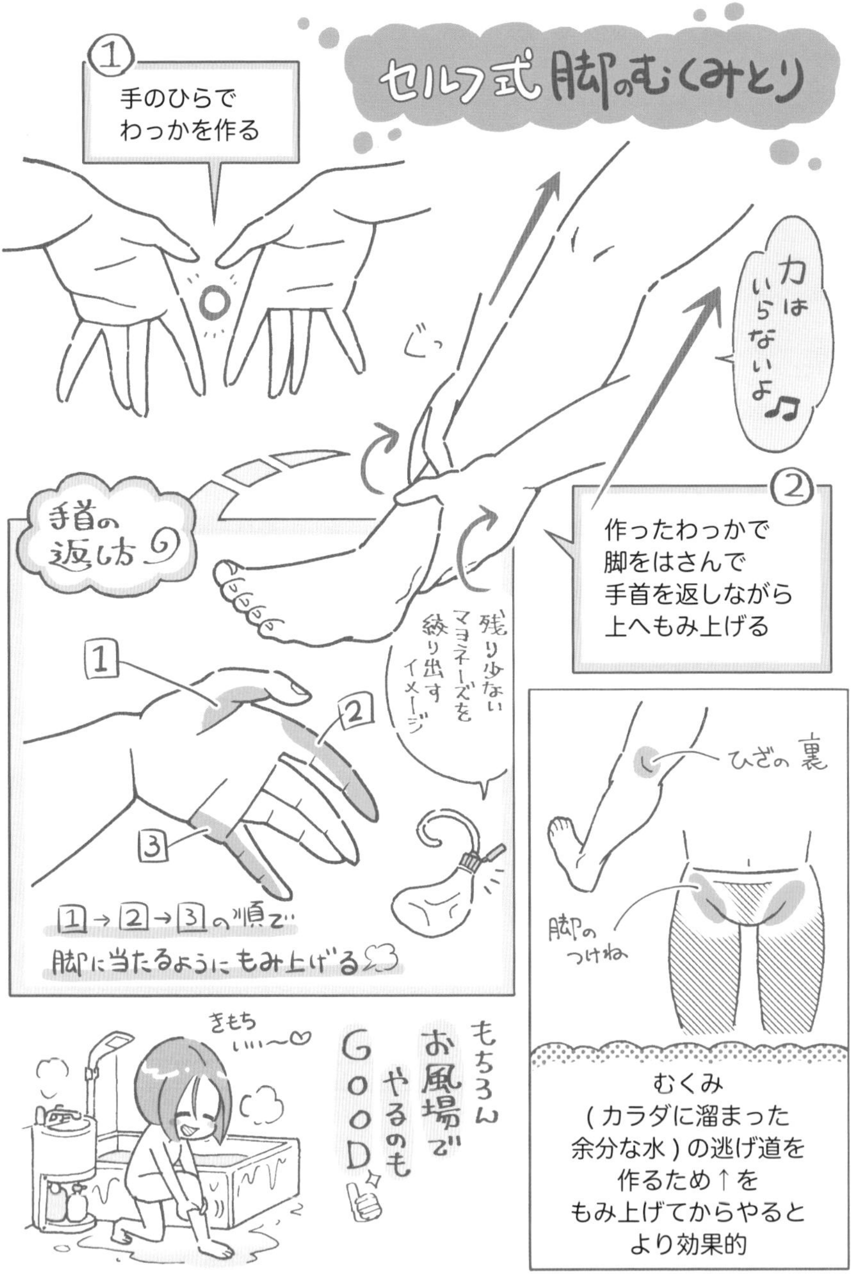
セルフ式脚のむくみとり
①
手のひらで
わっかを作る
じっ
力はいらないよ♫
②
作ったわっかで
脚をはさんで
手首を返しながら
上へもみ上げる
手首の返し方
残り少ないマヨネーズを絞り出すイメージ
1
2
3
1→2→3の順で
脚に当たるようにもみ上げる
ひざの裏
脚のつけね
むくみ
(カラダに溜まった
余分な水)の逃げ道を
作るため↑を
もみ上げてからやると
より効果的
きもち いい〜♡
もちろんお風場でやるのもGOOD

知ってなっとく！メカニズム

ふくらはぎ太さの原因は歩き方

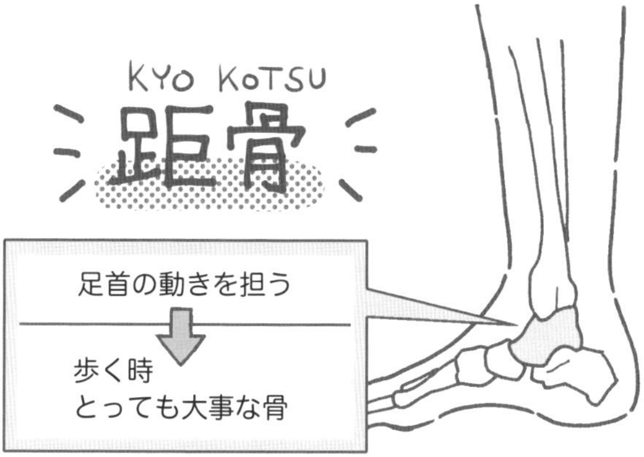
距骨《KYO KOTSU》
足首の動きを担う
歩く時
とっても大事な骨

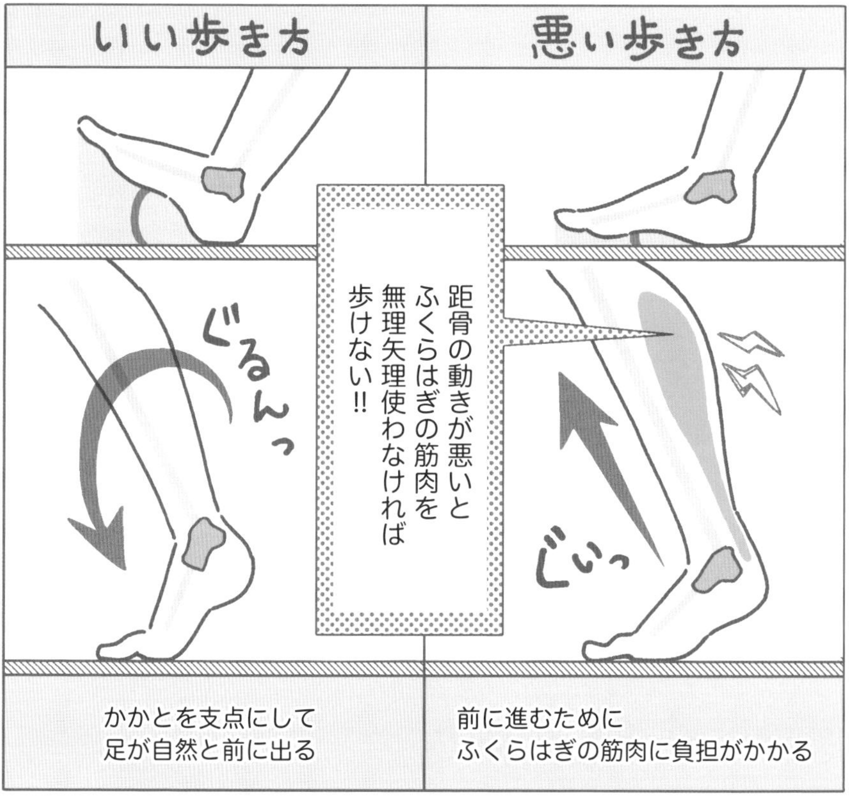
いい歩き方
悪い歩き方
ぐるんっ
じぃっ
距骨の動きが悪いと
ふくらはぎの筋肉を
無理矢理使わなければ
歩けない!!
かかとを支点にして
足が自然と前に出る
前に進むために
ふくらはぎの筋肉に負担がかかる

←足首の動きをよくするストレッチは次のページへ

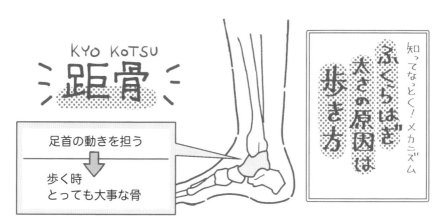

ストレッチ 18

足首リセット

歩き方が変わる

1 くるぶしを親指でおさえる

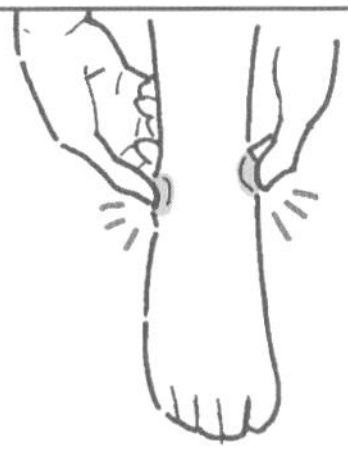

2 親指を前にすべらせてでっぱりのところでおさえる

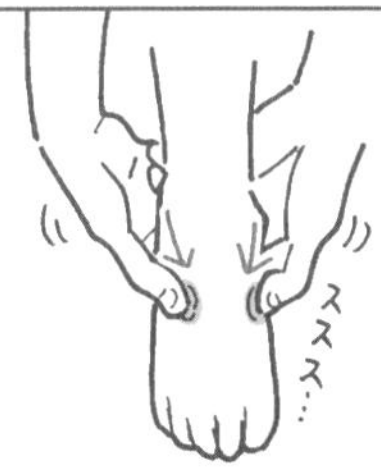

3 親指で足をおさえたまますねを垂直にする

NG

かかとが浮いている

4 おさえている部分を支点にして上体の前後運動を20回×左右1セット

できた！

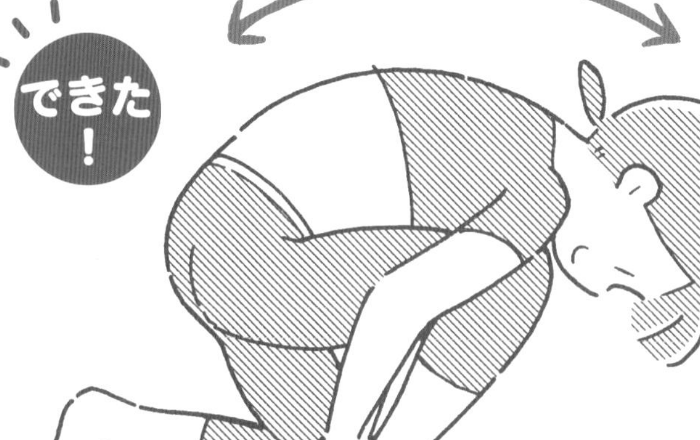

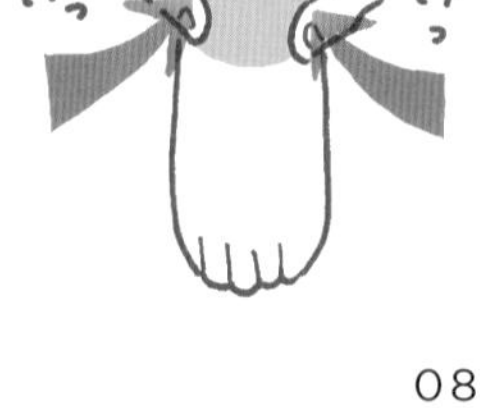

もっと詳しく!

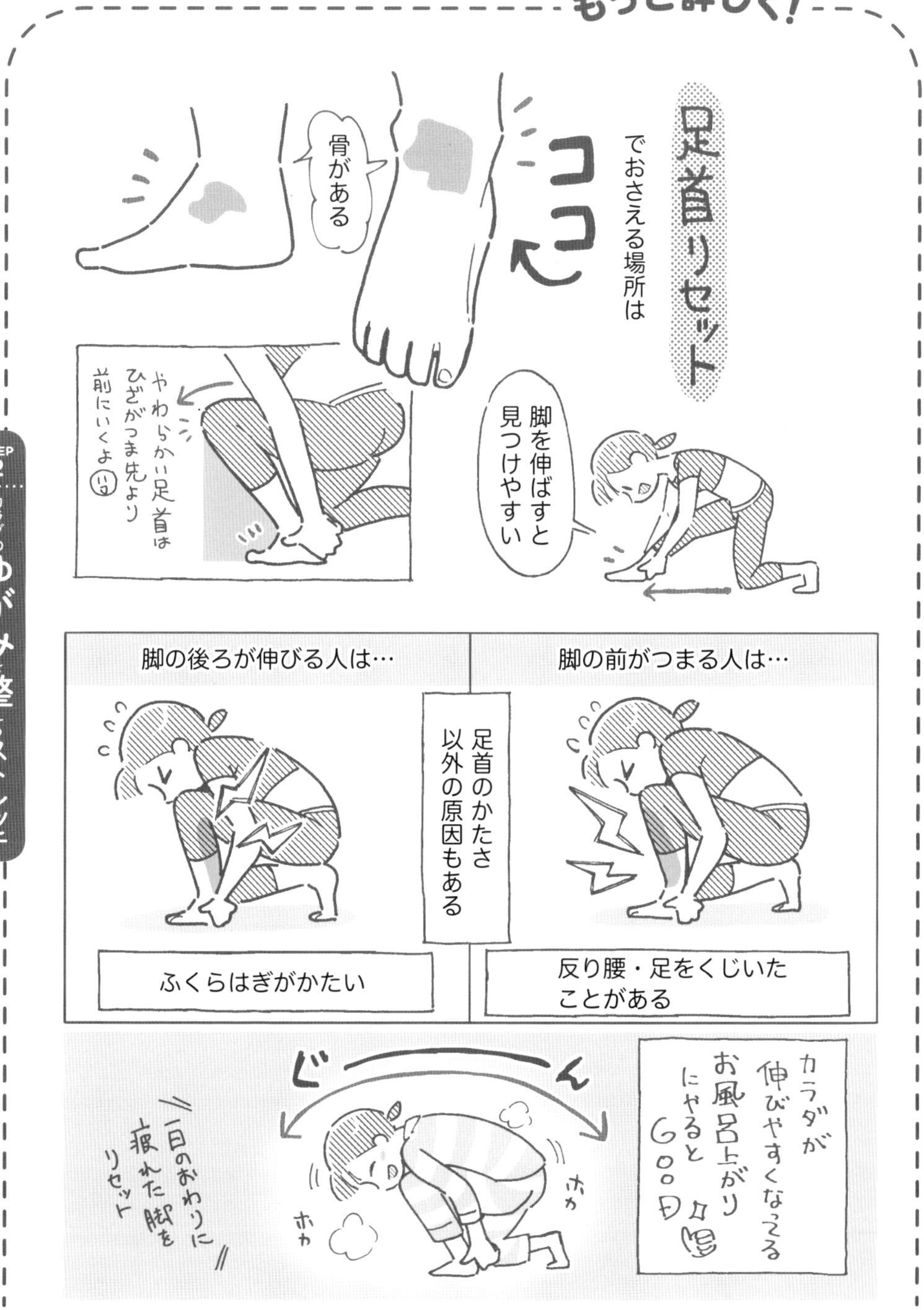
足首リセット
でおさえる場所は
ココ
骨がある
脚を伸ばすと見つけやすい
やわらかい足首はひざがつま先より前にいくよ
脚の後ろが伸びる人は…
脚の前がつまる人は…
足首のかたさ以外の原因もある
ふくらはぎがかたい
反り腰・足をくじいたことがある
ぐーーーん
一日のおわりに疲れた脚をリセット
ホカ
ホカ
カラダが伸びやすくなってるお風呂上がりにやるとGOOD♪

エッセイマンガ②
筋トレざせつ女子のスキマ時間ストレッチ
普段デスクワークをしている私
姿勢の悪さから毎日カラダはバキバキに……
肩がこって肩が下がらない〜〜
集中するととにかく姿勢がくずれる
腰が痛くてモゾモゾ動いたり傾いたり…
スマホで確認しながらの仕事で腕がしびれるっ
疲れも痛みもとれなくて立ってやる家事がおっくうに
買っただけで調理できない食材
帰宅しての料理ができない〜

でも今は！
不調を感じた時に
すぐできるストレッチを
やっています！
職場でできるストレッチ！
しびれた腕は
ペンギン
で解消!!
しょっちゅう
やっちゃう
腰が痛い時は
腰を後傾
させる!!
ふぃーーっ
おへそを
内側へ
入れ込む
イメージ
ひじねじり
で
姿勢リセット
ふぅ
ねじーーん
こっそり
むくみ
とり
カラダの痛みが軽減!!
集中力が長続きする!!
帰ってきても
カラダが軽い!!
今日は
お鍋だーー!!
腰の痛みが
軽減されてるから
立ってやる家事が
できる!!
トントントン
嬉しい

家でも
手が はなせない
料理中に
TVを見ながら
リラックスして
ながら
脇のばし
肩おとしの
万能さ!!!
超好き
片手が
あく!
お風呂上がりの
ペタッとかかと は
のびやすくなってて
きもちいい〜
移動中でも
太ももはがしを
家でやって!
駅のホームで
お尻を鍛える!
EKI
エスカレーターでも!
ペタッと
かかと
エレベーターで
こっそりと
なんだか
疲れがとれやすくなった気がする!

そして変化はメンタルにも!!
ミスが続いたらちょっと一息♡
基本の呼吸＋ストレッチでリラックス＆リフレッシュ
机から移動して煮詰った頭や目をリセットさせる
あわてたままだと心もカラダもしんどい!!
忙しい時にこそやってます♪
誰もいない会議室でこっそりと…
ふぅ
心とカラダが整う～～～
ガチャッ
あれっ？使用中ですか？
いえっすみません！

コラム②

デスクワーク中の正しい姿勢

～4つのポイントでカラダがラクになる～

ポイント①

目線の高さを
モニター上部に

ポイント②

カラダとモニターの
距離は腕１本分

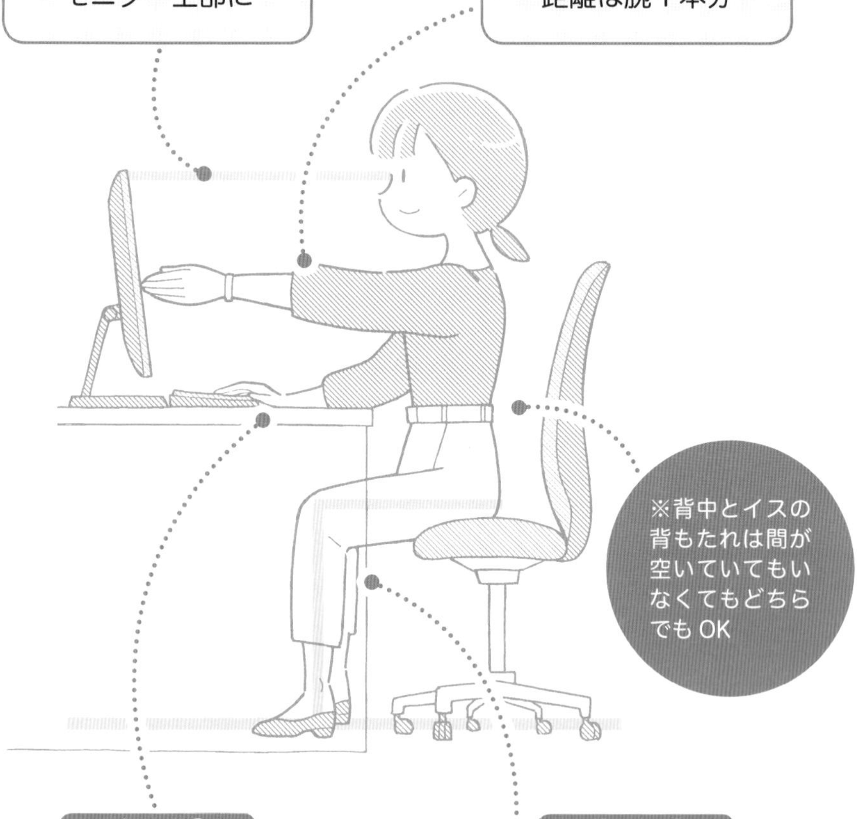
※背中とイスの
背もたれは間が
空いていてもい
なくてもどちら
でもOK

ポイント③

腕はできるだけ
デスクの上に置く

ポイント④

ひざと地面は垂直
足裏を地面につける

STEP 3

カラダを動かしやすくするストレッチ&エクササイズ

1minute Yase Stretch

イントロマンガ③

いい姿勢でもむやみな筋トレは危険?

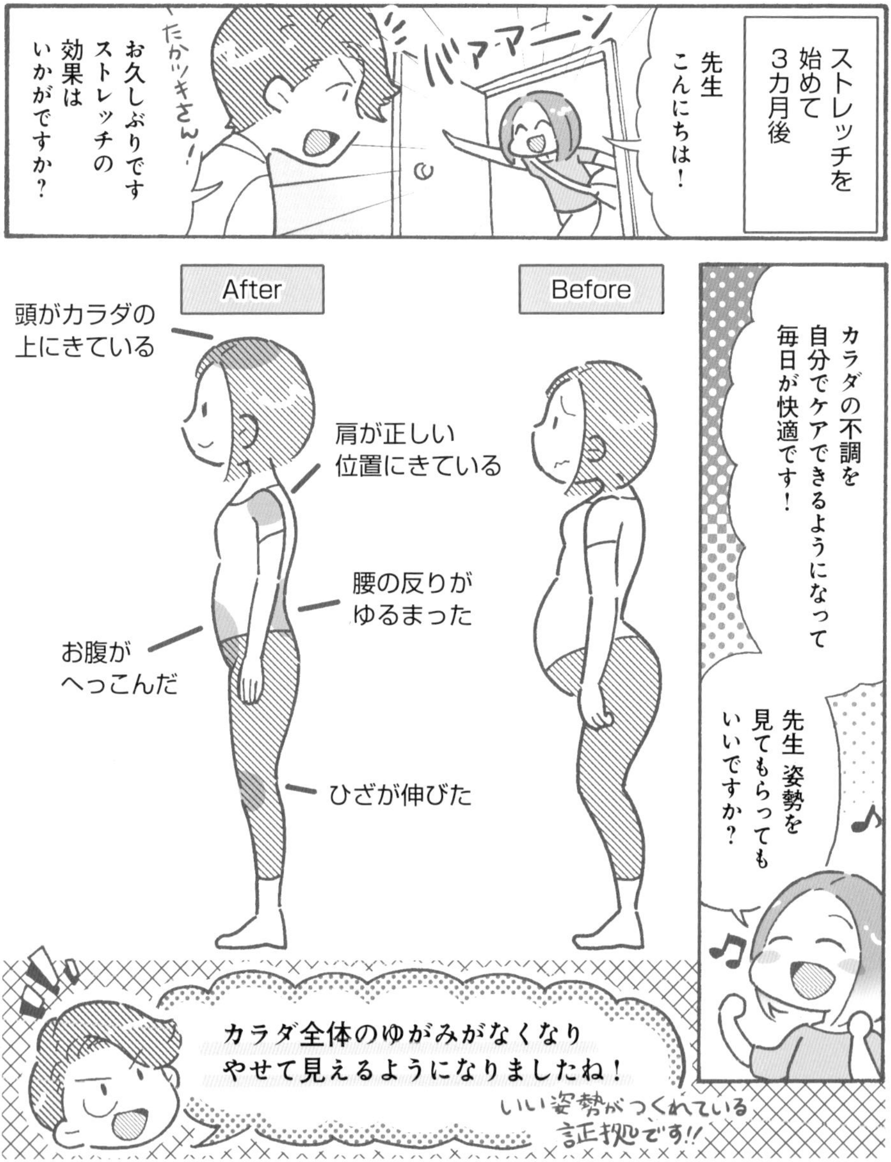
ストレッチを始めて3カ月後
先生こんにちは!
バアアーン
たかツキさん!
お久しぶりです ストレッチの効果はいかがですか?
カラダの不調を自分でケアできるようになって毎日が快適です!
先生 姿勢を見てもらってもいいですか?
Before
After
頭がカラダの上にきている
肩が正しい位置にきている
腰の反りがゆるまった
お腹がへっこんだ
ひざが伸びた
カラダ全体のゆがみがなくなりやせて見えるようになりましたね!
いい姿勢がつくれている証拠です!!

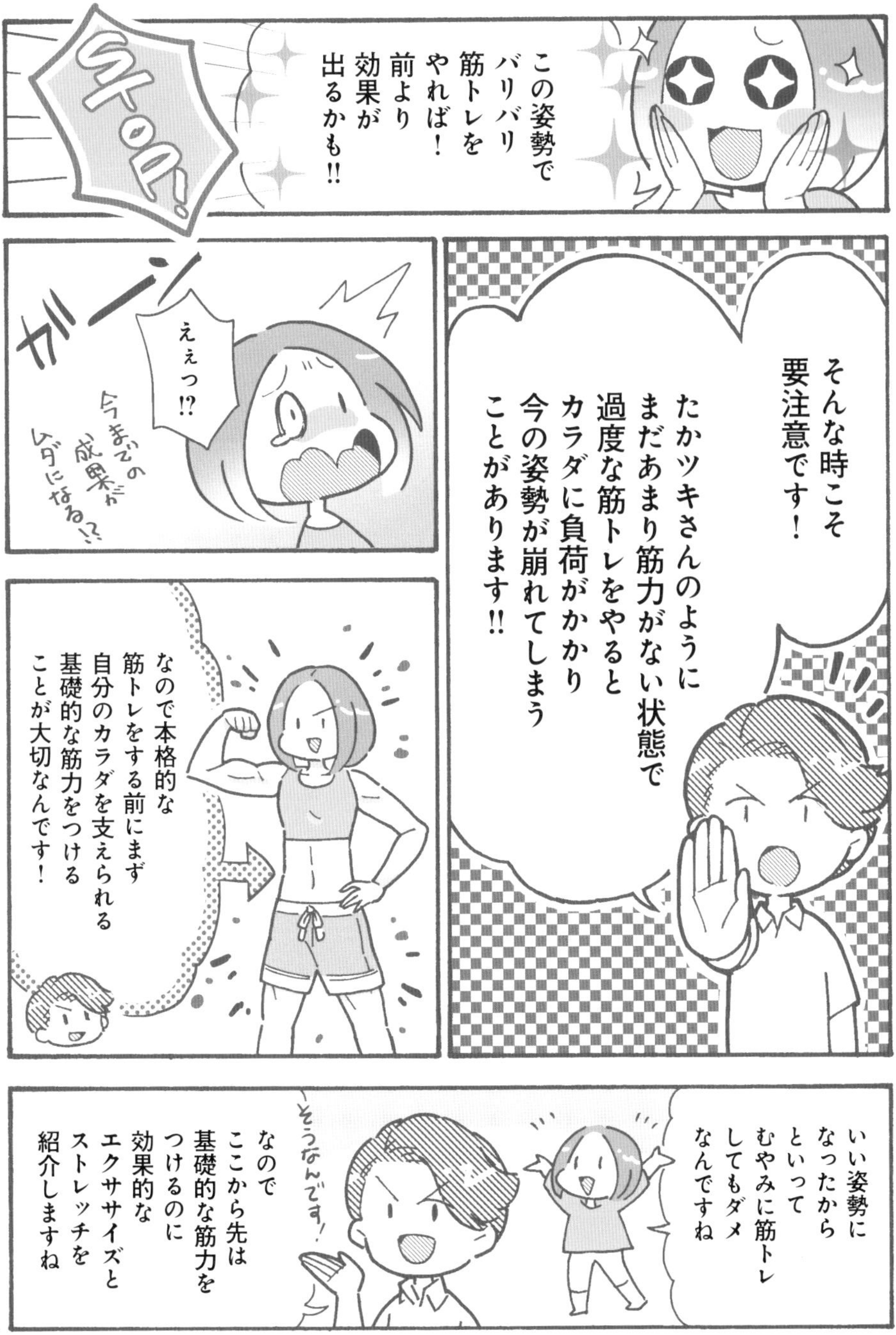
この姿勢でバリバリ筋トレをやれば！前より効果が出るかも!!
STOP!
そんな時こそ要注意です！
たかツキさんのようにまだあまり筋力がない状態で過度な筋トレをやるとカラダに負荷がかかり今の姿勢が崩れてしまうことがあります!!
ガーン
えぇっ!?
今までの成果がムダになる!?
なので本格的な筋トレをする前にまず自分のカラダを支えられる基礎的な筋力をつけることが大切なんです！
いい姿勢になったからといってむやみに筋トレしてもダメなんですね
そうなんです！
なのでここから先は基礎的な筋力をつけるのに効果的なエクササイズとストレッチを紹介しますね

エクササイズ1

ゆるっと バランス

まずはチャレンジ

1 よつんばいになる

2 両足先を上げてひざで支える

3 対角の手と足を浮かせて姿勢を5秒キープ×左右6セット

できた!

NG

バランスを取ろうとしてカラダがこわばっている

もっと詳しく！

カラダは揺れていい！！
力まずにやろう♪
意識する筋肉もとくにナシ!!
ゆら～ん
ゆら～～ん
力を抜いてやってみてね

ゆるっと全身バランスをやると
カラダのムダな力が抜ける
↓筋肉の使い方がゴソッと変わる
↓姿勢がすごくよくなる!!
日常でキレイに歩ける
スラァー
筋トレを急にやる前にカラダをリセットさせよう！
段階を踏むことが大事☆
目をつぶると難易度UP!!
つぶりっ
さらにバランス感覚が鍛えられる!!

エクササイズ2

腹筋ねじり

体幹を鍛える

1
ひざを立て足の裏を床につけて座り肩の真下にひじをつく

2
足の裏とひじを床につけたまま片方の手を前に出し反対側の脚の横へつける

3
5秒かけて息を吐きながら手を向こうへ伸ばす

4
伸ばしきったらその場で5秒かけて息を吸う

5
5秒かけて息を吐きながらさらに遠くへ手を伸ばす

6
伸ばしきったら②へ戻り③～⑤を計4セット×左右1セット

この動作のいいところ

腕を伸ばす位置で強度調節ができるので、腰に負担をかけずに腹筋を鍛えることができる！

NG

カラダが傾いている

エクササイズ3

ちょこっとプランク

もっと！体幹を鍛える

1 よつんばいの姿勢から床にひじをついて手の平を上に向ける

手の平を上にすることで肩がすくまず体幹に効かすことができる！

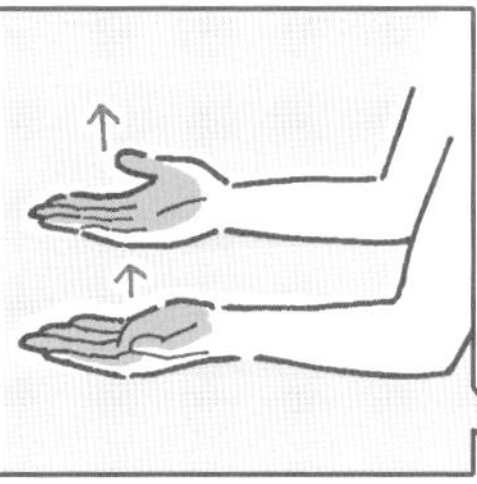

2 脚を伸ばしてつま先立ちになり鼻から息を吐きながら床と平行になる姿勢を《5秒キープ》

3 ひざをついて鼻から息を吸いながら《5秒休憩》

4 ②と③を計6回くりかえす

この動作のいいところ

「30秒キープ」と「5秒キープ＋5秒休憩×6回」の効果は同じ！ちょこっとを繰り返すだけでちゃんと効果が出る！

NG

お尻が上がっている

ストレッチ 19

ぐるぐるストレッチ

上半身全体を使う

1 ひざをついて座る

つま先は立てる

2 背中を丸めて手～腕の側面をカラダの前でくっつける

腕はだいたい 90°

FRONT

3 カーブを描くようにひじをカラダの後ろ下へもっていき胸をひらく

肩甲骨を寄せる
意識が大切

FRONT

4 腕を上げて頭の上で両手の親指と人差し指をくっつける

5 ③の姿勢に戻り②〜④を計10回くりかえす

できた！

NG

④の時手の平がくっついている

もっと詳しく！

こりやすい場所の

上半身すべてに効く！

すごい!!

1つの動作に2秒かけてゆっくりやってね

大きくゆっくり鼻呼吸しながら動かして心地よい疲労感☆

エクササイズ4

ひざつきプッシュアップ

胸・腕・背中を鍛える

1 よつんばいの姿勢から脚を伸ばす

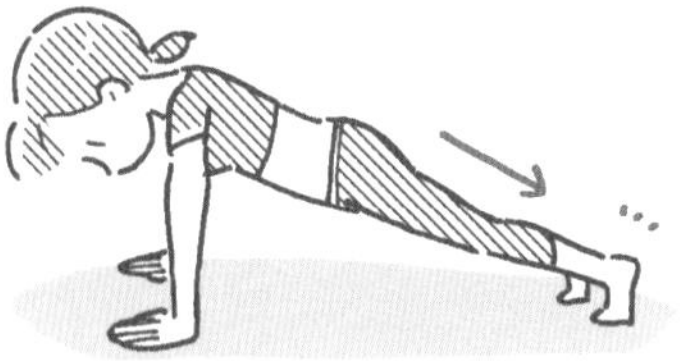

2 そのまま床にひざをつく

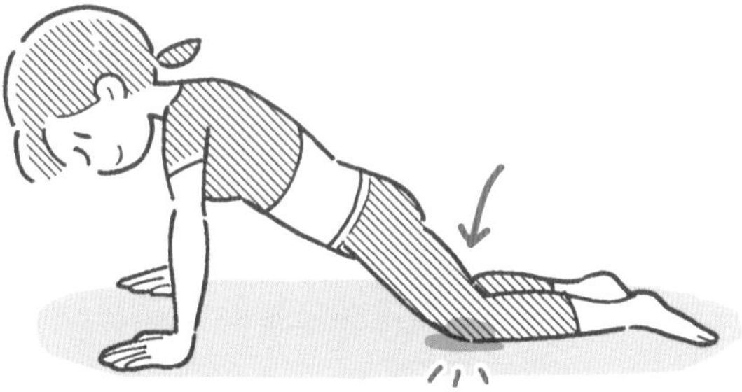

3 一度カラダをおろしてひじが90度になるよう手を床につける

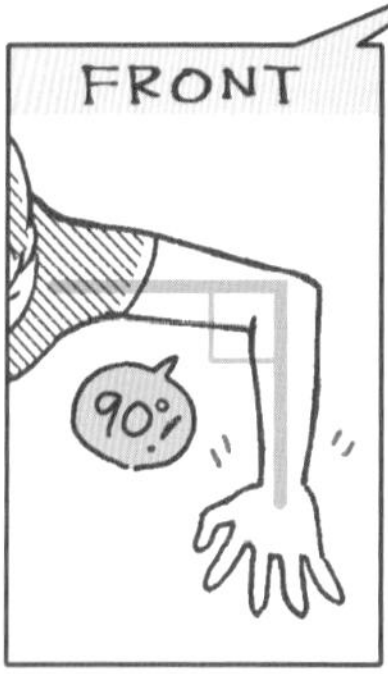

4 手の位置を動かさないように②と③を計20回くりかえす

NG

内側すぎる　外側すぎる

POINT

③の時は頭・背中・腰が一直線となるように腹筋でカラダを支えよう!

エクササイズ5

ディップス

もっと！胸・腕・背中を鍛える

1 手をイスのふちに置いて浅めに座る

2 カラダを前に出しすねを垂直にする

3 肩甲骨を寄せる

肩を背中へ回して胸を張るイメージ
ぐるん
ぐいっ

4 ひじだけを使ってカラダを上下させる×20回

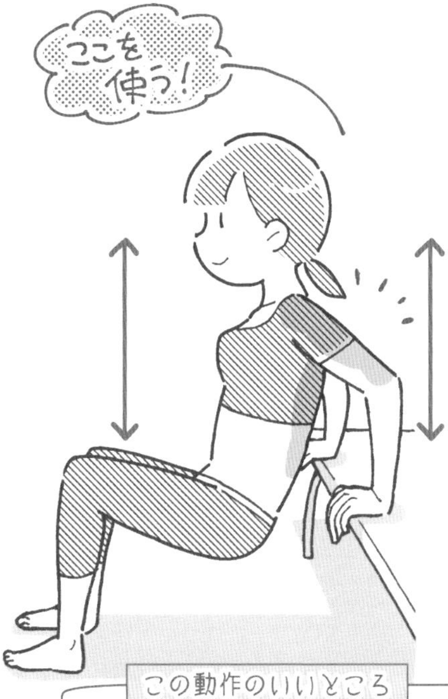
ここを使う！

NG 肩が内巻きになっている

この動作のいいところ

机やベッド、洗面台など、安定して高さがあるものであればイス以外でもできる！

ストレッチ 20

おじぎストレッチ

下半身全体を使う

1 腰に手を当てて立つ

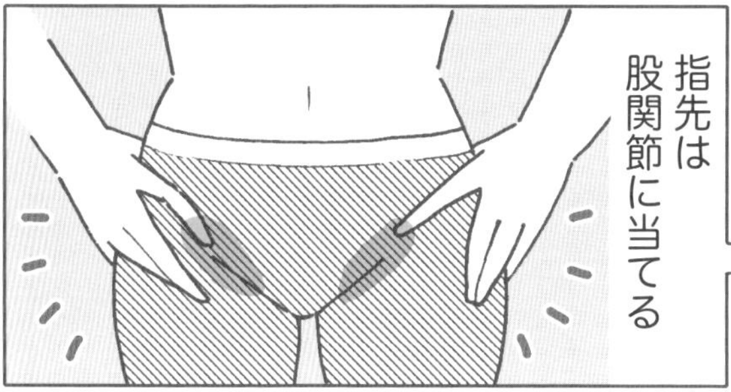
指先は股関節に当てる

2 すねが床と垂直になるようにひざを曲げつつゆっくり上半身を倒していく

ここを使う！

3 ①②を計20回くりかえす

できた！

NG
背中が丸まっている

もっと詳しく！

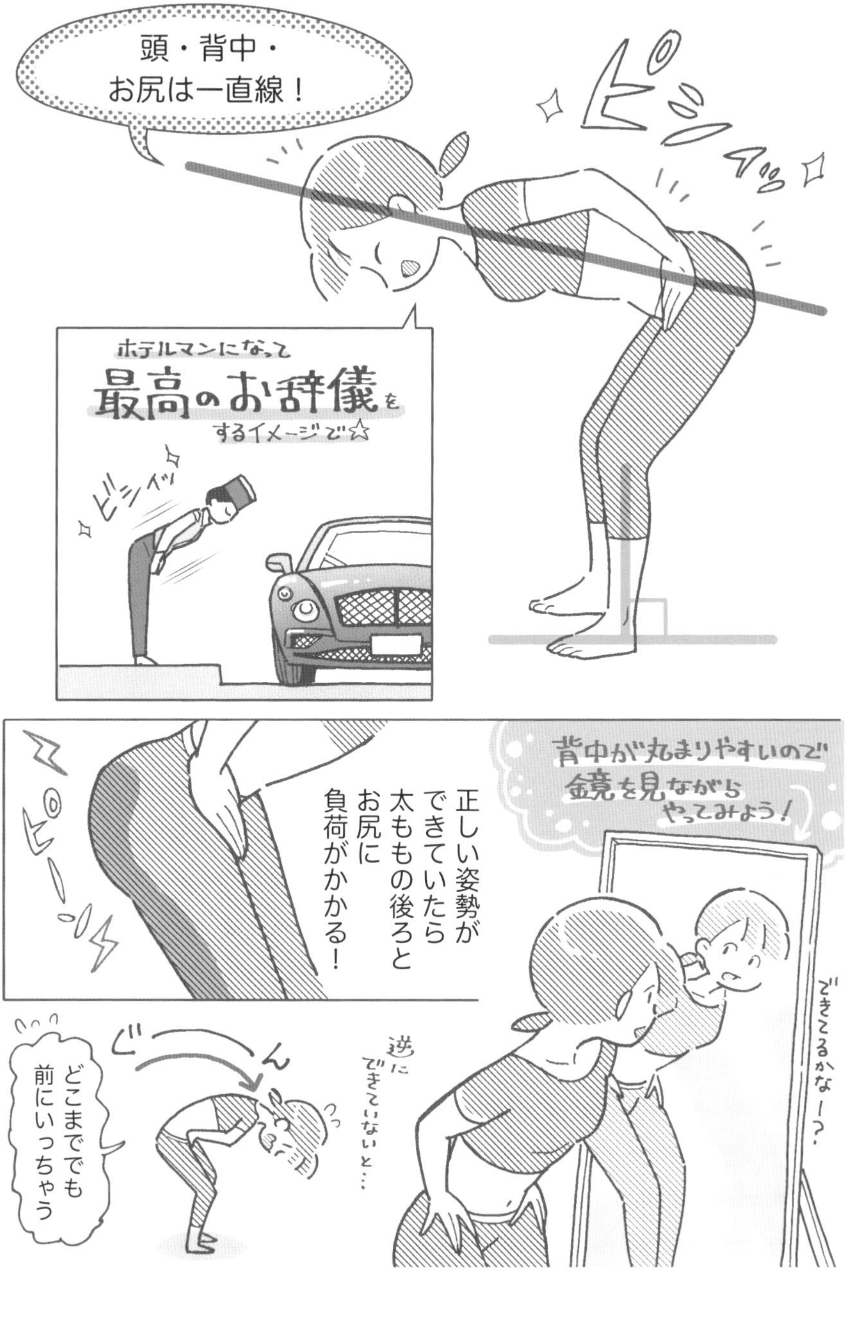
頭・背中・
お尻は一直線！
ピシイッ
ホテルマンになって
最高のお辞儀を
するイメージで☆
ピシイッ
正しい姿勢が
できていたら
太ももの後ろと
お尻に
負荷がかかる！
ピーン
背中が丸まりやすいので
鏡を見ながら
やってみよう！
できてるかなー？
逆に
できていないと…
ぐーん
どこまででも
前にいっちゃう

エクササイズ６

片ひざ立ち

太もも・お尻を鍛える

❶ 片ひざを立ててバランスよく立つ

❷ 上半身を前に倒し体重を前脚の足裏全体にかける

❸ 前の脚で立ち上がり綺麗な姿勢をとるを20回×左右1セット

POINT

お尻と、太ももの前と後ろの筋肉を
３つ同時に使おう！
P103 のスクワットで前ももばかりに効く人は
この動作で、「筋肉を動かすコツ」をつかんでね！

NG

カラダが反っている

エクササイズ 7

スクワット

もっと！太もも・お尻を鍛える

1 脚を肩幅に開いて腕を床と平行にする

2 イスに腰かけるイメージでお尻を落としていく

3 ①と②を計20回くりかえす

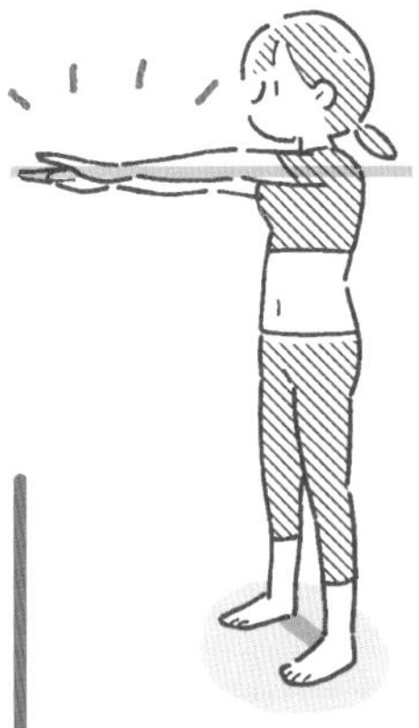

POINT

太もももはなるべく地面と平行に。
ひざが内側に入らないよう、
ひざの皿を
足の薬指の方向に曲げよう！

NG

ひざが内側に入っている

エッセイマンガ③
もう筋トレにざせつしない！
昔の私は本や動画で見つけたハードな筋トレをやっていて
あと30回!!
痛
できないーっ
腰痛いし腹筋使えてないしもうヤダーーッ
ズキ
ズキ
効いてほしいところに効かなかったり逆にカラダを痛めてしまっていた
でも先生に教えてもらったやり方だと自分に合わせて筋肉を鍛えることができる！
スクワットがむずかしい時は片ひざ立ちから始めましょう！
これならできる！
見つけた筋トレ方法は正しかったんだけど
自分のカラダに合っていなかった!!

腹筋ねじり
自分で強度調節ができる！
鍛えているところ以外は力を抜けるので変な力みが出ない！
「自分はこれが精いっぱい」という前向きなあきらめで続けられる！
5秒間隔だから重たいカラダでも無理なくできる！
ちょこっとプランク
それでも毎日続けるのは大変……
完っ全に眠い……
1日トータルでどれだけやったかが大事ですよ！
そんな時は鈴木先生の言葉を思い出して自分を甘やかしながらちょこっとずつ続けています
はっ
1回はやろう！
たかツキ's平日メニュー
朝：2回
昼：職場でできるストレッチをてきぎ♡
夜：3回
自分のペースでゆるゆる続けよう！

ストレッチを続けるコツ

～朝・昼・夜のルーティン～

朝
朝のコツ「起きてすぐやる」
おはよー
頭が動いていないうちにとりあえずやる!!
おはよー!!!
ガバッ
→って言いながら起きると体が目覚めるよー
ストレッチを始めるまでのハードルを下げることがとにかく大事☆
半寝でいいからやってみよう☺

昼
昼のコツ「立った時にやる」
集中している時は体の不調に気がつかないもの……
うおおおお
ダガダガダガ
なので！立つことはストレッチのきっかけになります
背中がのびるー
給湯室
職場でもやってリフレッシュ☆

夜
夜のコツ「場所をつくっておく」
家に帰ると疲れがどっと出てストレッチしないままベッドに倒れて寝ることが多かったので…
疲れた～
お風呂上りは絶対寝ちゃう！
どふ
ベッドではなくマットの上に横になる！
あー
「マットの上だしとりあえずやるか」となってストレッチを始めることに成功しています☆
よいしょー
半寝

筋トレざせつ女子が行き着いた

1分 やせストレッチ

エピローグ

Epilogue

筋トレにざせつしてからストレッチを始め姿勢改善に励んで半年……
できてきた!
ゆら〜ん
姿勢がよくなった以外にもたくさんの変化がありました!!
服を「サイズ」で選ばなくなった!!
着たい服が着れる!!
ぽっちゃり服専門店にわざわざ行かなくても仕事帰りに服が買える嬉しさ……!
体重変わらないのにボトムスが2サイズダウンした!!
CMみたい!
マジか!
後に体重も4kg落ちた!
足取りが軽くなった!
腰が安定してるー♡
首・肩まわりがスッキリした!
タートルネックが苦しくない!
たかツキ's ビフォー→アフター

筋トレと違ってストレッチなら
いつでもどこでもできるので
運動が苦手で
めんどくさがり屋な私でも
コツコツ続けられています
昼休みや毎朝のルーティンになりました
不調時のセルフケアもできるように!!
これからもゆるゆる〜っと続けていきます

これからダイエットを始めたり
姿勢の悪さに悩んでいたり
在宅での作業が増えて
疲れが溜まったりしている方が
この本を読んで少しでも
「やってみたいな♪」と
思ってもらえたら嬉しいです

あとがき

Afterword

2020年に起きた未曾有の社会状況のなか、

心身にお悩みを抱える方が増えたように感じます。

ほんの少し日常生活を変えてあげるだけで

カラダは変わっていきますが、

日常の行動を変えることは意外と難しかったりします。

そんな中、コミックエッセイの監修のお話をいただきました。

コミックだから届けられる人、

コミックだから届けられる内容があると思っています。

そんな力を信じつつ、

この書籍がひとりでも多くの方の手に届き、

少しでもお悩みを吹き飛ばしてくれたらと願ってやみません。

2021年1月　鈴木孝佳

筋《きん》トレざせつ女子《じょし》が行《い》き着《つ》いた
1分《ぷん》やせストレッチ

2021年 1月28日　初版発行
2024年 9月25日　7版発行

著者　たかツキなほり

監修　鈴木《すずき》孝佳《たかよし》

発行者　山下直久

発行　株式会社 KADOKAWA
〒102-8177　東京都千代田区富士見2-13-3
☎0570-002-301（ナビダイヤル）

印刷所　TOPPANクロレ株式会社

●お問い合わせ
https://www.kadokawa.co.jp/（「お問い合わせ」へお進みください）
※内容によっては、お答えできない場合があります。
※サポートは日本国内のみとさせていただきます。
※Japanese text only

定価はカバーに表示してあります。

ISBN 978-4-04-680025-1 C0077

KADOKAWAのコミックエッセイ!

プリンセスお母さん

並庭 マチコ

話題沸騰の爆笑実録漫画シリーズがついに単行本化!
豪華なホテルに泊まったときは「私の城へようこそ」ともてなし、散歩に出かける娘に「領地の視察ですか姫?」と声をかけるメルヘンな母・ママ子(カトリーヌ)。彼女の奇想天外な行動が今日も波乱を呼ぶ! 単行本では母が貴族やポールに憧れた理由や怒涛のヨーロッパ旅行など描き下ろしを40ページ以上収録。抱腹絶倒、だけど家族愛に満ち溢れた並庭家の日常に迫ります!

丁寧な暮らしをする餓鬼

塵芥居士

描きおろし短編漫画やお坊様のコラムを含む未公開作品50ページ以上を収録。丁寧な暮らしをする餓鬼・ガッキーの暮らしを餓鬼草紙タッチのイラストでお送りします。

腐女医の医者道!

私も子どもたちも大きくなりました!編

さーたり

現役医師であり、三児の母であり、オタクでもある外科医、さーたりが描くコミックエッセイ第3弾!
どうして医者になったのか、我が子を見て「医者の子だな」と感じる瞬間は何か、今と昔の自身の腐女子事情など、医者・母・オタクの三拍子そろった著者ならではネタがふんだんに詰まっています。
前巻までに描いた「医師」・「母」としての話はもちろん、第3巻では医者を目指したきっかけや夫との馴れ初めなど、今までとはまた違うエピソードを大量描き下ろし!